VOLUMES PUBLIÉS OU EN PRÉPARATION :

Hygiène du goutteux (Prof. A. Proust et Dr A. Mathieu).

Hygiène des asthmatiques (Dr Brissaud).

Hygiène des obèses (Prof. Proust et Dr A. Mathieu).

Hygiène du syphilitique (Dr Bourges).

Hygiène et thérapeutique thermales (Dr Delfau).

Les cures thermales (Dr Delfau).

Hygiène du neurasthénique (Prof. Proust et Dr Ballet).

Hygiène du tuberculeux (Dr Daremberg).

Hygiène des dyspeptiques (Dr Linossier).

Hygiène thérapeutique des maladies de la peau (Dr Brocq).

Hygiène des albuminuriques (Dr Springer).

Coulommiers. — Imp. Paul BRODARD. — 988-96.

L'HYGIÈNE

DU NEURASTHÉNIQUE

L'hygiène Du Neurasthénique...

Adrien Proust

BIBLIOTHÈQUE D'HYGIÈNE THÉRAPEUTIQUE

Dirigée par le professeur PROUST

L'HYGIÈNE
DU NEURASTHÉNIQUE

PAR

A. PROUST

Professeur à la Faculté de Medecine de Paris
Inspecteur général des services sanitaires
Membre de l'Académie de Médecine
Médecin de l'Hôtel-Dieu

ET

Gilbert BALLET

Professeur agrégé à la Faculté de Médecine de Paris
Médecin de l'hôpital Saint-Antoine

PARIS

MASSON ET Cie, ÉDITEURS

LIBRAIRES DE L'ACADÉMIE DE MÉDECINE

120, BOULEVARD SAINT-GERMAIN

1897

PRÉFACE

Notre intention n'est pas d'exposer ici une histoire documentaire de la Neurasthénie et de son traitement. Cette affection a été le sujet de bien des descriptions depuis celle vraiment fondamentale que Beard en a tracée. Ce n'est pas que l'auteur américain ait été le premier à voir et à isoler la Neurasthénie, dont on retrouve les principaux symptômes dans l'irritation spinale de Frank, la névralgie protéiforme de Cerise, le nervosisme de Bouchut, la névropathie cérébro-cardiaque de Krishaber : mais la monographie de Beard a eu le mérite d'être plus synthétique et plus complète que ses devancières, elle a eu surtout la chance d'arriver à un moment propice. Tandis qu'en Amérique l'épuisement nerveux (nervous exhaustion) semblait se multiplier et attirait tout naturellement l'attention des neuro-pathologistes (celle de Weir Mittchel après celle de Beard), les conditions nouvelles créées par les exigences de la vie moderne favorisaient dans l'ancien continent la recrudescence de la névrose par épuisement dont avait déjà parlé Monneret.

On répète aujourd'hui volontiers ce lieu commun qu'à la faveur des progrès de la civilisation et du surcroît d'activité cérébrale qu'elle entraîne, les névroses, sous toutes leurs formes, sont devenues chez nous beaucoup plus communes que jadis. L'affirmation mériterait qu'on se donnât la peine de vérifier si elle est fondée, et il faut avouer que les documents précis nous manquent pour faire cette vérification avec quelque exactitude. D'ailleurs, si les pessimistes avaient raison, il n'est pas établi qu'il faudrait mettre l'accroissement du nombre des maladies nerveuses tout entier sur le compte des raffinements de la civilisation et des exigences nouvelles auxquelles notre cerveau doit satisfaire. Les intoxications, et la moins raffinée de toutes, l'intoxication alcoolique, auraient droit de reven-diquer une large part parmi les causes détermi-

*nantes des dérangements nerveux qui seraient
le propre de notre époque.*

*Quoi qu'il en soit, malgré les restrictions que
la prudence scientifique commande d'opposer à
des assertions dont il faudrait démontrer la
justesse, il semble bien qu'au moins en certains
milieux, la Neurasthénie soit plus commune
qu'il y a soixante ans. En tout cas nous savons
mieux la voir, et nous la baptisons quand nous
la rencontrons : ce qui suffirait dans une certaine mesure à expliquer qu'elle nous apparaisse
comme beaucoup plus fréquente qu'à l'époque
où elle allait innommée, ou, ce qui revient au
même, nommée de noms trop divers. Que sa
fréquence se soit accrue ou non, modérément ou
beaucoup, ce qui est certain, c'est que la Neurasthénie est une affection commune : ceci suffit à
expliquer la faveur avec laquelle fut accueillie
la description de Beard. Charcot, en France, lui
fit un sort, et beaucoup d'autres après lui [1], si bien*

1. Nous indiquons ci-dessous les principaux ouvrages ou
descriptions d'ensemble auxquels la Neurasthénie a donné
lieu :

Beard, *A practical treatise on nervous exhaustion (neuras-
thénie), its causes, symptomes and sequences*; New-York, 1880.
— Axenfeld et Huchard, *Traité des Névroses*; Paris, 1883. —
Charcot, *Leçons cliniques*, et passim. — Ziemssen, *Die Neu-*

qu'à l'heure actuelle la Neurasthénie, qu'on ignorait presque, il y a vingt ans, a fait plus que conquérir la place à laquelle elle a droit en clinique; elle est devenue une étiquette commode derrière laquelle s'abritent trop souvent des diagnostics erronés ou incomplets.

On ne sera pas surpris dès lors que, dans un livre consacré à l'indication des mesures hygiéniques que comportent la prophylaxie et le traitement de la Neurasthénie, nous ayons jugé nécessaire de présenter l'affection et de montrer les physionomies diverses, habituelles ou plus rares qu'elle revêt en clinique. D'autre part, la prophylaxie suppose la connaissance de toutes les causes qui peuvent à un titre quelconque intervenir dans la genèse de l'affection : il était indispensable que nous en fissions ici une étude sommaire, ou au moins une énumération détaillée.

L'hygiène, qui suffirait à prévenir la Neurasthénie si elle était rigoureusement appliquée et,

rasthenie und ihre Behandlung; Leipzig, 1887. — Bouveret, *La Neurasthénie*, 2ᵉ éd.; Paris, 1881, J.-B. Baillière. — Mathieu, *Neurasthénie*, collection Charcot-Debove. — Levillain, *La Neurasthénie*; Paris, 1891. — Dutil, art. NEURAS- THÉNIE, in *Traité de médecine*, Paris, 1894. — F. Muller, *Handbuch der Neurasthenie*, Leipzig, 1893.

il faut bien le dire, si elle était toujours applicable, suffit aussi le plus souvent à la guérir
quand la Neurasthénie est susceptible de guérison. Sans vouloir proscrire la thérapeutique
médicamenteuse, nous osons dire que, dans
l'ensemble, on a fait aux candidats neurasthéniques ou à ceux arrivés plus de mal avec les
« drogues » qu'on ne leur a rendu de services.
Si l'on pouvait dresser le bilan des méfaits des
médications dites toniques et reconstituantes, des
hypnotiques variés, bref des produits pharmaceutiques dont sont surchargés les traitements
plus ou moins bien avisés qui sont entrés dans
la pratique journalière, on se demanderait si les
Neurasthéniques sont les obligés ou les victimes
de la médecine. N'est-ce pas Montaigne qui a dit
que les médecins de son temps, pour ne pas
guérir le cerveau aux dépens de l'estomac,
offensaient l'estomac et empiraient le cerveau
« par leurs drogues tumultueuses et discor-
dantes »? N'imitons pas les mauvaises pratiques de cette époque et n'oublions pas que le
médecin ignorerait son rôle, s'il le croyait limité
à la prescription des substances médicamenteuses; une bonne hygiène morale et physique,

un régime alimentaire bien conçu, des conseils et des encouragements suggestifs *font d'habitude plus pour le neurasthénique qu'une polyphar-macie souvent inutile et quelquefois nuisible. C'est assez dire l'intérét que présente le sujet que nous avons l'intention d'aborder.*

L'HYGIÈNE
DU NEURASTHÉNIQUE

PREMIÈRE PARTIE

DÉFINITION ET NATURE DE LA NEURASTHÉNIE

La neurasthénie est une *névrose*, c'est-à-dire une maladie du système nerveux sans lésion organique connue, que Beard, de New-York, a eu le mérite de dégager du chaos de l'ancien et vague *nervosisme*.

Elle s'affirme par des troubles fonctionnels très nombreux, très diversement associés et qui sont pour la plupart d'ordre subjectif. Nous ne possédons aucune donnée certaine sur les modifications des centres nerveux d'où dérivent ces troubles fonctionnels; nous ne connaissons bien que leur physionomie et leurs causes et c'est seulement par une induction fondée sur les caractères de l'une et des autres que nous pouvons présumer la nature de l'affection. Comme elle reconnaît souvent pour origine le surmènement des centres nerveux supérieurs et qu'elle s'accuse surtout par des signes de dépression, d'affaiblissement de la force nerveuse, on suppose qu'il s'agit d'un trouble intime de la nutrition des éléments nerveux : ces éléments répareraient plus difficilement l'énergie épuisée et n'accumuleraient plus au même degré la force produite; aussi définit-on généralement la névrose : *un affaiblissement durable de la force nerveuse*. De là encore ces dénominations d'épuisement nerveux, de faiblesse nerveuse qu'on lui applique couramment. Mais comme aux signes de dépression on voit fréquemment s'associer des symptômes d'excitation, on désigne quelquefois aussi la neurasthénie sous le nom de *faiblesse irritable* afin de la caractériser d'une manière plus exacte et plus complète.

Cette faiblesse irritable peut manifester ses effets non seulement du côté du système cérébrospinal, mais aussi du côté du système nerveux de la vie organique. La neurasthénie ne trouble pas seulement les fonctions les plus élevées et les mieux différenciées, celles du cerveau et de la moelle épinière, elle intéresse presque toujours, bien qu'à des degrés variables, l'innervation des principaux viscères. Trois grands appareils souffrent particulièrement, ce sont les appareils circulatoire, digestif et génito-urinaire. Il est aisé de comprendre par là combien grande est la diversité des troubles fonctionnels qu'on observe chez les neurasthéniques. Comme les symptômes peuvent s'associer chez les différents sujets de manières fort dissemblables, il s'ensuit que la maladie se présente en clinique sous des formes variées et nombreuses. Et cependant quelle que soit la multiplicité des syndromes et des causes qui les engendrent, il y a entre tous ces états d'asthénie nerveuse des relations et des analogies de caractères qui assurent et légitiment l'autonomie de la névrose. Les symptômes fondamentaux de cette affection sont multiples : une *céphalée* d'un caractère spécial, l'*insomnie*, l'*asthénie musculaire*, la *rachialgie*, un *état mental* particulier et enfin la *dyspepsie* par atonie gastro-intestinale. Ces signes cardinaux réunis en plus ou moins grand nombre caractérisent l'état nerveux décrit par Beard, qui ne se peut confondre avec aucun autre complexus névropathique; telle est à peu près la formule générale de la neurasthénie telle qu'on la conçoit aujourd'hui.

Cette conception, qui subordonne à un état spécial de faiblesse et d'irritabilité des éléments nerveux l'ensemble des troubles constitutifs de l'affection n'a pas été acceptée par tous les cliniciens : on a cherché à mettre sous la dépendance de certains troubles viscéraux les divers symptômes de la maladie. C'est ainsi qu'on a voulu voir dans le trouble des fonctions digestives le point de départ de l'état névropathique et l'on a pensé que la dyspepsie, par la perturbation qu'elle jette dans la nutrition, pouvait être la cause première et fondamentale de l'épuisement nerveux. D'autres ont incriminé les lésions de l'appareil génito-urinaire, les excès génésiques. Enfin on a soutenu que la faiblesse des centres nerveux pouvait être la conséquence d'un état d'appauvrissement du sang, comme si l'asthénie nerveuse était nécessairement associée à l'anémie. Nous aurons à discuter ultérieurement ces diverses théories qui visent à élucider la pathogénie encore obscure de la névrose : nous verrons alors quelle est la part de vérité qu'elles peuvent contenir. Mais nous devons dire dès maintenant que dans la plupart des cas ces systèmes pathogéniques se trouvent contredits par l'observation directe des faits. Il semble bien que l'atonie gastro-intestinale et les troubles génito-urinaires soient plus souvent l'effet que la cause de l'affection. En ce qui concerne l'anémie, la neurasthénie assurément en est indépendante : combien de neurasthéniques ont le teint coloré, un sang normal et tous les attributs extérieurs d'une santé florissante. Aussi bien tous les troubles fonctionnels observés chez ces malades paraissent-ils commandés le plus souvent par l'altération primordiale des éléments nerveux dont à la vérité la nature intime nous échappe. L'étude des causes si diverses de la maladie nous permettra d'ailleurs de mettre en relief le rôle prépondérant dévolu à l'atteinte directe et primitive des centres nerveux dans la pathogénie des états neurasthéniques. Quoi qu'il en soit, on ne saurait à l'heure actuelle définir la neurasthénie par son principe pathogénique dont la notion est dépourvue de précision, ni par ses lésions, puisqu'elle n'en présente pas d'appréciable à nos moyens d'investigation, ni par sa physiologie pathologique encore fort obscure. Nous sommes donc nécessairement conduits à rechercher dans l'étude de l'étiologie et des caractères cliniques, l'indication rationnelle des mesures d'hygiène prophylactique et thérapeutique qu'on peut opposer au développement de la névrose et qui sont capables d'en amener la guérison.

DEUXIÈME PARTIE

LES CAUSES DE LA NEURASTHÉNIE
POURQUOI ET COMMENT ON DEVIENT NEURASTHÉNIQUE

CHAPITRE I

Causes générales.

La neurasthénie n'est pas, comme le croyait Beard, une maladie moderne créée par le surmenage intellectuel et moral inhérent à la civilisation et à la vie sociale de notre époque. Il est vraisemblable qu'elle a existé de tout temps, comme les névroses et les psychoses diverses que les passions dépressives, les chocs moraux et physiques peuvent faire naître chez l'homme. Il est certain en tout cas que les médecins des siècles passés, Gallien, Stoll, Sydenham, Robert Wytt notamment (maints passages de leurs écrits en font foi) l'ont observée, bien qu'ils n'aient pas su la dégager des autres états névropathiques avec lesquels elle resta longtemps confondue. Mais il n'en est pas

moins vrai que la neurasthénie est à l'époque
actuelle une maladie extrêmement commune, et
il semble bien, la plupart des auteurs modernes
s'accordent à le reconnaître, que sa fréquence
tende à s'accroître de plus en plus. Ce n'est pas
sans raison qu'on l'a nommée « la maladie du
siècle ». Et à la vérité cette appellation paraît lui
être justement applicable si l'on entend par là non
point que la neurasthénie soit apparue à notre
époque, comme une espèce morbide néoformée,
mais seulement qu'elle semble avoir pris de notre
temps un développement qu'elle n'avait peut-être
jamais atteint jusqu'alors. Ce serait là, s'il était
établi, un fait remarquable dans l'histoire naturelle de cette névrose. Il n'est pas sans intérêt,
pour l'hygiéniste tout au moins, d'en rechercher
les causes.

Si notre époque est, comme on l'a dit, particulièrement féconde en neurasthéniques, est-il vrai
qu'elle soit, comme on l'a avancé, surtout rede-
vable de ce fâcheux privilège à une sorte de
dégénérescence globale qui, suivant une loi
d'évolution régressive, envahirait les générations
tard venues, issues de peuples vieillis ou de races
usées? Cette interprétation nous paraît contes-
table, comme le jugement pessimiste que certains
auteurs ont porté, un peu à la légère, sur la génération présente. Il suffit pour s'en convaincre de
jeter un coup d'œil sur la répartition ethnogra-

phique de la neurasthénie. Assurément elle est répandue en France, en Allemagne, en Russie, chez tous les peuples de la vieille Europe; mais sa fréquence n'est pas moindre en Amérique : elle y est même particulièrement commune, si bien que Beard (de New-York), lorsqu'il la décrivit, crut avoir découvert une espèce morbide spéciale au pays où il l'observait, en un mot et suivant sa propre expression « *un mal américain* ». Si la neurasthénie a pris une extension considérable aux États-Unis, pays jeune, de race forte et de civilisation récente, on est mal fondé à prétendre que le développement de cette névrose soit surtout imputable à une sorte de sénilité ou d'évolution régressive des nations où elle sévit. D'ailleurs est-on autorisé à avancer que les peuples d'Europe chez lesquels cette affection est d'observation commune soient en voie de déchéance physique et psychique? Est-il vrai que les Français, les Allemands de notre temps soient plus débiles que ceux qui vivaient au siècle dernier ou même au moyen âge? Il est au moins permis d'en douter si l'on songe à l'énormité des charges supportées par les peuples de l'Europe contemporaine, à l'immense labeur qu'ils accomplissent dans toutes les sphères de l'activité humaine. En réalité la neurasthénie est également répandue chez tous les peuples civilisés où la lutte pour l'existence entretient une exaltation incessante et exagérée des fonctions du système nerveux. C'est pourquoi elle est extrêmement fréquente chez les Américains du Nord, dont l'extraordinaire activité est bien connue et chez les peuples d'Europe qui marchent à la tête de la civilisation. Si, dans le cours et à la fin du présent siècle elle est devenue particulièrement commune, c'est que les conditions de la vie sociale ont été brusquement modifiées dans l'ordre économique comme dans l'ordre politique.

Autrefois, les classes étaient comme parquées derrière des barrières infranchissables et bien peu, hormis les forts, cherchaient à sortir du milieu où le hasard de la naissance les avait placés. Aujourd'hui les lois et les mœurs ont supprimé ces barrières, chacun s'efforce de s'élever plus haut que ses ancêtres; la concurrence a grandi, les conflits d'intérêts et de personnes se sont multipliés dans toutes les catégories d'états; les ambitions souvent peu justifiées se donnent libre carrière; une foule d'individus imposent à leur cerveau un travail au-dessus de ses forces; viennent les soucis, les revers de fortune, et le système nerveux, sous le coup d'une excitation incessante, finit par s'épuiser. Ainsi s'expliquerait la fréquence croissante de la neurasthénie à notre époque et sa prédominance dans les villes, parmi les classes moyenne et supérieure, dans tous les milieux en un mot où la culture intellectuelle, ainsi que le trafic commercial et industriel sont portés à leur plus haut degré d'intensité.

Ces considérations nous font déjà pressentir que le surmenage, et surtout le surmenage cérébral, doit figurer au premier rang des causes de la neurasthénie.

Age. — L'affection n'est pas également fréquente à tous les âges. Très rare dans l'enfance et la vieillesse, elle atteint de préférence les adultes, c'est-à-dire qu'elle frappe l'homme durant la période la plus laborieuse et la plus tourmentée de l'existence, de la vingtième à la cinquantième année.

Il est toutefois une forme de neurasthénie qui peut être qualifiée de neurasthénie précoce et qui a été souvent observée par l'un de nous. Elle apparaît en effet aux environs de la puberté ou peu après et semble se rattacher à un développement exagéré de la taille. On la voit chez des sujets dont les dimensions en hauteur dépassent notablement la moyenne, et dont le contour de la poitrine et le volume des muscles ne sont pas en rapport avec ces dernières. Ces neurasthéniques appartiennent presque toujours au sexe masculin : ce sont de « grands efflanqués » dont le système nerveux est doué d'une excessive fragilité et cède au moindre choc.

Sexe. — La neurasthénie est plus commune chez l'homme que chez la femme. Sur un total de

828 malades, Von Hössling [1] a compté 604 cas dans le sexe masculin, et 224 seulement dans le sexe féminin. Cette inégale répartition de la maladie dans l'un et l'autre sexe ne saurait s'expliquer par une prédisposition spéciale du sexe masculin. Ici encore apparaît l'influence prépondérante du travail opiniâtre, des soucis, des excès de toutes sortes, conséquences du rôle plus actif et plus militant de l'homme dans la lutte pour l'existence.

Professions. — La répartition des cas suivant les professions n'est pas moins significative. Les statistiques qui ont été dressées à ce point de vue mettent bien en évidence l'influence prédominante du surmenage cérébral dans le développement de la neurasthénie. Sur 598 malades on trouve [2] :

Commerçants et industriels	198
Employés	130
Professeurs	68
Étudiants	56
Officiers	38
Artistes	33
Sans profession	19
Médecins	17
Agriculteurs	17
Ecclésiastiques	10
Savants	6
Écoliers	6
Ouvriers	6

1. Von Hössling, in *Handbuch der Neurasthenie herausgeg.* von Franz Muller, Leipzig, 1893.
2. Von Hössling, *loco cit.*

Bien qu'ils n'aient qu'une valeur toute relative, ces chiffres n'en sont pas moins fort instructifs; ils montrent d'une part l'extrême rareté de la névrose parmi les individus de la classe ouvrière et sa limitation presque exclusive aux classes cultivées, au monde des affaires ou des carrières libérales, en un mot aux catégories sociales assujetties par état à un labeur cérébral habituel.

CHAPITRE II

Causes individuelles.

Hérédité. — On sait combien est grand le rôle
de l'hérédité dans le développement des maladies
du système nerveux. Mais ce facteur étiologique
n'intervient pas d'une façon uniforme dans la
pathogénie de toutes les maladies nerveuses.
Certaines névroses semblent plus que d'autres
soumises à son influence et pour chaque espèce
morbide son action s'exerce à des degrés fort
variables d'un cas à l'autre.

Il arrive parfois, on le sait, qu'un même type
morbide se transmette d'une génération aux
générations suivantes. On dit alors qu'il y a
hérédité similaire : en pareil cas l'origine ata-
vique de la maladie est aussi évidente qu'il est
possible. Mais il est rare que l'hérédité pathologique se manifeste sous une forme aussi expres-
sive; et en ce qui concerne la neurasthénie, on
peut affirmer que les exemples d'hérédité similaire sont exceptionnels.

Dans un grand nombre de cas au contraire, on découvre chez les ascendants des tares nerveuses dont l'influence sur la descendance n'est pas douteuse, mais qui ont changé de forme en se transmettant; il s'agit alors d'*hérédité dissemblable* : ce sont là faits bien connus. Enfin il arrive souvent que dans la lignée ancestrale des sujets affectés de psychoses ou de névroses diverses on décèle, associés ou non à des états névropathiques ou alternant avec eux, des troubles ou des maladies qui relèvent de la diathèse arthritique, tels que la goutte, la gravelle, le diabète. C'est encore un fait d'observation courante et rien n'est mieux établi que la réalité de cette hérédité de *transformation*. On admet ainsi que les maladies nerveuses proprement dites et les maladies de nature arthritique sont susceptibles de s'engendrer mutuellement en passant d'une génération à celles qui lui succèdent. On voit donc que l'hérédité neuro-arthritique peut se manifester suivant des modes de transmission fort différents, et, il faut ajouter, avec des intensités très variables. Tantôt en effet l'hérédité morbide suffit à elle seule pour donner naissance à telle ou telle affection nerveuse, tantôt, et c'est le cas le plus fréquent, elle semble n'agir qu'à titre de cause prédisposante et l'intervention des causes provocatrices ou accidentelles doit la seconder. Ces données générales sont aujourd'hui de notion banale : en elles se résument à peu près

les rapports de l'hérédité et des maladies nerveuses tels qu'on les connaît actuellement. Il
n'est pas besoin d'ajouter qu'elles offrent au point
de vue pratique un immense intérêt. Aussi
importe-t-il qu'elles soient toujours présentes à
l'esprit du médecin, soit qu'il se propose d'empêcher par des mesures d'hygiène préventive les
effets d'une hérédité menaçante, soit qu'il ait à
déterminer, problème parfois difficile, la part des
causes accidentelles et celle des tares transmises
dans la pathogénie souvent complexe de la maladie
confirmée. Nous avons donc à nous demander ici
quel est précisément le rôle de l'hérédité neuro-
arthritique dans le développement de la neurasthénie. On peut à ce propos, malgré leur très
grande diversité, ranger les faits en trois groupes :

a). Il y a des cas dans lesquels l'action de l'hérédité s'exerce seule et suffit à provoquer le développement de la névrose. Certains sujets issus de
familles tarées sont dès la naissance en état de
continuelle imminence de neurasthénie. Leur
système nerveux se fatigue au train même d'une
vie régulière et paisible et ils sont appelés à verser
pour ainsi dire fatalement dans la névrose. Cette
forme héréditaire de l'épuisement nerveux qui
apparaît en dehors des causes communes de la
maladie est à la vérité peu fréquente, mais elle
est intéressante à connaître. Elle présente en effet
une évolution un peu spéciale : elle est générale-

ment précoce ; elle se montre d'habitude à l'époque
de la puberté, quelquefois même avant, elle est
particulièrement tenace, c'est pourquoi il importe
de la reconnaître dès les premiers signes du début,
car c'est seulement à sa période initiale qu'il est
possible d'en enrayer le développement en imposant aux jeunes malades les règles d'une hygiène
appropriée à leur état.

b). Dans la majorité des cas l'hérédité neuro-
arthritique n'intervient qu'à titre de cause prédisposante. Elle prépare le terrain sur lequel une cause
accidentelle légère ou grave viendra faire éclore
la neurasthénie. Les faits qui ressortissent à cette
catégorie sont nombreux : l'on peut évaluer à
40 p. 100 environ la proportion des neurasthéniques
dans les antécédents desquels on relève des tares
héréditaires plus ou moins accentuées. A ce
propos il convient de remarquer que les antécédents héréditaires des neurasthéniques sont en
général moins chargés que ceux des sujets atteints
de psychoses, de névroses graves ou même de
maladies organiques du système nerveux. L'épi-
lepsie, l'hystérie, l'aliénation mentale figurent
rarement dans la généalogie des neurasthéniques ;
et bien souvent il est question seulement d'émotivité, de tendances hypocondriaques, de migraine,
d'humeur irritable chez les ascendants des malades
frappés d'épuisement nerveux. Il semble donc que
parmi les maladies du système nerveux la neuras-

thénie soit une des moins assujetties à l'hérédité,
et que dans la plupart des cas l'influence de ce facteur étiologique soit inférieure à celle des causes
provocatrices ou occasionnelles. C'est ici le lieu
de rappeler que l'hérédité neuro-arthritique n'est
pas seule capable de prédisposer à la neurasthénie.
Il en est de même des maladies infectieuses ou
toxiques lorsqu'elles existent chez les généra-
teurs au moment de la conception, ou chez la
mère pendant la grossesse. C'est ainsi que la
syphilis (Kowalewsky), la tuberculose, l'impalu-
disme, l'alcoolisme, le saturnisme chez les parents
ont pu être incriminés avec raison dans un certain nombre de cas.

Éducation. — A côté des influences héréditaires,
nous devons signaler une autre cause prédisposante de premier ordre : *l'éducation défectueuse.*
Les méthodes d'éducation vicieuses qui font naître
ou laissent se développer chez les enfants les mauvais penchants et les travers de caractère, peuvent,
on le conçoit aisément, exercer une influence
funeste sur leur énergie physique et morale. —
Trop souvent, par l'incurie des parents ou des
maîtres, l'enfant au lieu d'entrer dans la vie doué
d'une volonté ferme et d'un jugement éclairé est
devenu un être capricieux, entêté, sans volonté
forte, sans tenue morale. Lorsqu'à ces défauts
s'ajoutent encore une instruction mal réglée, une
éducation physique insuffisante ou nulle, le sujet

est pour ainsi dire sûrement voué à toutes les défaillances dans la lutte pour la vie. Nous reviendrons ultérieurement sur cette délicate question de l'éducation envisagée comme cause de débilité nerveuse quand nous chercherons à établir les règles d'hygiène prophylactique auxquelles doivent être soumis les sujets que leur hérédité prédispose à la neurasthénie.

CHAPITRE III

Causes provocatrices ou déterminantes.

Nous venons de voir que l'hérédité nerveuse ou
arthritique, lorsqu'elle s'exerce, pour ainsi dire,
à dose massive est capable de créer à elle seule la
neurasthénie, mais que dans la très grande majorité des cas, elle borne son action à préparer le
terrain sur lequel les causes accidentelles ou provocatrices font éclore ultérieurement la maladie.
Le rôle positif des tares héréditaires dans la genèse
des états neurasthéniques étant ainsi défini, il
importe de rappeler que son intervention n'est nullement nécessaire. La neurasthénie peut en effet
se développer chez un individu jusque-là tout à
fait indemne, en dehors de tout vice originel, par
la seule action des causes déterminantes que nous
allons maintenant envisager.

Surmenage cérébral. — L'étude des causes générales de l'asthénie nerveuse nous a déjà fait
pressentir que le surmenage cérébral est un des

facteurs les plus puissants de cet état. Or l'examen
des faits particuliers , des observations individuelles vient corroborer de tous points cette
assertion. Tous les observateurs s'accordent en
effet à reconnaître que le fonctionnement exagéré
du cerveau est une des causes les plus efficaces,
sinon la plus efficace de l'épuisement nerveux.
Mais le terme *surmenage cérébral* est vague parce
qu'il est trop compréhensif. Il est évident qu'on
peut surmener le cerveau de bien des manières, et
comme parmi les modes de l'activité cérébrale, il
en est qui sont particulièrement aptes à produire
la neurasthénie, il est nécessaire, pour bien préciser le rôle du surmenage mental dans la genèse
de l'affection que nous visons, de grouper les faits
en catégories naturelles et de les examiner sépsré-
ment Au point de vue qui nous occupe, il convient
d'envisager les effets du surmènement cérébral :
1° dans la sphère des facultés intellectuelles;
2° dans la sphère des facultés effectives.

Excès de travail intellectuel. — Il est certain
qu'un travail intellectuel intensif ou trop longtemps prolongé peut faire apparaître même chez
un homme énergique et bien équilibré des symptômes d'ordre neurasthénique, tels que l'insomnie,
la dyspepsie, la céphalée, etc. Les grands travail-
leurs, les savants, les littérateurs, les jeunes gens
qui se préparent à des examens, à des concours
de carrière tombent parfois, après une période de

labeur excessif, dans un état de dépression cérébrale mêlé de quelques symptômes d'excitation
et qui les oblige à interrompre leur effort cérébral. Mais en général les formes de neurasthénie
qui se développent dans ces conditions ne sont
ni persistantes ni graves. Il suffit le plus souvent de quelques jours de repos, d'un séjour à
la campagne ou d'un traitement hydrothérapique
de courte durée pour rétablir l'équilibre du système nerveux, et amener la disparition des symptômes. C'est qu'en réalité, le travail intellectuel
est parmi les causes de neurasthénie une des
moins redoutables. L'homme qui sans inquiétude, sans autre souci que celui de la recherche,
se livre même avec passion à des études purement spéculatives, n'est guère exposé à verser
dans la neurasthénie. S'il apporte à son travail
une ardeur trop vive ou s'il prolonge outre
mesure son effort, il en résultera pour lui un
état de fatigue plus ou moins profonde suivant le
degré de résistance de son cerveau et rien de
plus; la fatigue et la gêne du fonctionnement
cérébral qui la suit, mettront d'elles-mêmes un
terme à ce surmènement ou du moins le con-
tiendront dans de justes limites; l'épuisement
nerveux qui aura pu en résulter sera en pareil
cas rapidement réparable. On peut donc affirmer
selon nous qu'à de très rares exceptions près, le
surmenage intellectuel proprement dit est inca-

pable d'engendrer une neurasthénie persistante,
si toutefois les tares héréditaires ou les passions
dépressives ne viennent pas, comme il arrive le
plus souvent, ajouter leur influence fâcheuse à
l'excès du travail intellectuel. Les passions dépressives constituent en effet pour les centres nerveux
une source de fatigues, une cause d'usure
bien autrement puissante que le travail cérébral. Mosso l'a démontré expérimentalement, et
il a fait voir que les émotions exercent une
action beaucoup plus manifeste sur la circulation encéphalique que le travail intellectuel;
quelque grande que soit son énergie. A la
vérité si la neurasthénie est surtout fréquente
dans les classes cultivées et chez les individus
adonnés aux professions qui exigent un labeur
intellectuel habituel et soutenu, ce n'est pas à l'effort cérébral lui-même, mais bien plutôt aux préoccupations morales, plus communes et surtout
plus vivement ressenties dans certaines conditions
sociales, qu'il faut attribuer le mal. Le travail
cérébral qui surmène et épuise est celui qu'accompagnent le souci du lendemain, la préoccupation vive d'un but à atteindre, la crainte d'un
insuccès ou d'un échec, qu'il s'agisse d'affaires
industrielles ou commerciales où est engagée la
fortune, d'un examen ou d'un concours d'où
dépend l'avenir. En pareille circonstance le rôle
du labeur proprement dit dans la pathogénie

de la névrose nous semble être à peu près nul ou au moins très accessoire, la véritable cause de l'épuisement nerveux, c'est l'inquiétude et l'anxiété au milieu de laquelle ce labeur a été accompli, ce sont les préoccupations morales qui l'ont précédé, accompagné ou suivi. Il faut encore tenir compte des conditions physiques défectueuses dans lesquelles vivent la plupart des sujets que leur état social oblige à un travail cérébral plus ou moins intensif. Si l'on ne prenait soin en effet de faire la part des éléments étiologiques qui sont connexes au prétendu surmènement cérébral, on courrait le risque d'exagérer singulièrement le rôle de ce dernier. C'est l'erreur que nous semblent avoir commise les pédagogues ou les médecins qui, dans ces derniers temps surtout, ont mis en relief les méfaits de ce qu'on est convenu aujourd'hui d'appeler le *surmenage scolaire*. Il est nécessaire que nous disions quelques mots de ce dernier.

Surmenage scolaire. — La question du surmenage scolaire se rattache étroitement à celle des excès de travail intellectuel envisagés comme causes de neurasthénie. Depuis une dizaine d'années elle occupe une place importante dans les préoccupations des hygiénistes. Elle a été l'objet dans la presse, dans les Académies et même au sein des Parlements de divers pays de discussions fort vives et le mouvement d'opinion qui s'est fait autour d'elle a eu pour résultat l'amélioration sensible de notre système scolaire. Mais il s'en faut que la réforme soit encore satisfaisante et complète. Nous reviendrons ultérieurement sur ce sujet lorsque nous tenterons d'indiquer les règles d'hygiène qui devraient régir l'éducation physique et morale des enfants, surtout de ceux qui sont héréditairement prédisposés à l'épuisement nerveux. Nous nous bornerons à examiner le rôle du surmenage intellectuel proprement dit dans le développement des syndromes neurasthéniques que présentent parfois les écoliers.

L'influence fâcheuse du surmenage cérébral et intellectuel dans les écoles a été certainement exagérée. On peut même se demander s'il existe vraiment et si les enfants sont capables de *surmener* leurs facultés intellectuelles.

Il est certain que la santé physique et morale de beaucoup d'élèves de lycées et collèges laisse grandement à désirer et qu'il en est parmi eux qui présentent des symptômes manifestes d'épuisement nerveux. Les médecins qui ont étudié les signes de la fatigue attribuée au surmenage cérébral, chez les jeunes écoliers, remarquent qu'elle se manifeste sous deux formes : l'une répond à des symptômes d'excitation morbide tels que l'insomnie, l'irritabilité du caractère, le rire nerveux, des palpitations; l'autre, qui succède généralement

à la première, à des signes de paresse intellectuelle,
d'inaptitude au travail. Elle se traduit par des
bâillements, des besoins fréquents de dormir,
l'impuissance à fixer l'attention, par une expression
de langueur et de tristesse répandue sur le visage
qui est pâle et aux traits tirés.

On a produit des statistiques. Sur un total de
588 élèves appartenant aux classes moyennes d'enseignement secondaire, Nesteroff [1] a trouvé que
30 p. 100 de ces sujets présentaient des symptômes
de neurasthénie tels que palpitation, céphalée,
insomnie, névralgies subites. Il a noté que la proportion des écoliers atteints était d'autant plus
forte que la classe à laquelle ils appartenaient
était plus élevée :

Classe préparatoire........	8 pour 100
Première classe	15 —
Deuxième —	22 —
Troisième —	28 —
Quatrième —	44 —
Cinquième —	27 —
Sixième —	58 —
Septième —	64 —
Huitième —	89 —

En supposant, ce qui pourrait aisément être con-
testé, que les troubles nerveux qui ont servi de base

1. Die moderne Schule und die Gesundheit, *Zeitschrift
f. Schulen Gesundheit*, 1890.

à ce dénombrement soient tous de nature neurasthénique, il nous paraît impossible d'admettre que
le surmenage cérébral soit le seul agent respon-
sable.

Il est évident que le surmenage n'existe guère
dans les écoles primaires. Dans l'enseignement
secondaire il n'existe sans doute que pour un petit
nombre des élèves, ceux qui veulent occuper et
garder les premiers rangs ou ceux qui préparent
un examen. Les élèves qui pèchent par excès de
zèle sont rares : la plupart protègent d'eux-mêmes
leur santé cérébrale en se refusant spontanément
à tout excès de travail. C'est ce qu'a fait très justement ressortir M. Galton [1] dans son intéressante
étude sur la fatigue cérébrale des jeunes écoliers :
« C'est parmi ceux qui sont zélés et vifs, dit-il,
qui ont des aspirations d'un ordre élevé, qui se
savent bien doués mentalement et sont trop généreux pour penser beaucoup à leur propre santé,
qu'on trouve le plus fréquemment les victimes de
l'excès de travail ». Or la très grande majorité des
écoliers des classes moyennes sont dépourvus de
ces qualités exceptionnelles. Ils cessent tout simplement de travailler quand ils sont fatigués et
poussent rarement le labeur jusqu'à la fatigue
véritable. Ce n'est qu'à l'âge de seize, dix-sept et
dix-huit ans, quand il s'agit de passer des examens

1. Galton, *Revue scientifique*, 1889.

ou des concours pour être admis dans une école
spéciale, que les jeunes gens peuvent commettre
de véritables excès de travail cérébral. Le surmenage dans la sphère des facultés intellectuelles
se produit seulement par des efforts de volonté
dont les enfants sont incapables (Charcot). Si
donc l'on envisage dans sa totalité la population
des lycées et collèges, on voit qu'elle échappe
presque tout entière, malgré la surcharge des
programmes d'instruction, à l'influence fâcheuse
du surmenage intellectuel, et que seuls les adolescents en qui s'est développé la volonté et le sentiment d'un but à atteindre sont capables de se
surmener jusqu'à un véritable épuisement nerveux.

La plupart des troubles du système nerveux
qu'on observe chez les enfants, chez les écoliers
de tout âge et que l'on a voulu mettre sur le
compte du surmenage cérébral sont bien plus
l'effet des conditions d'hygiène défectueuses dans
lesquelles vivent les élèves soumis à la règle
néfaste des internats : la trop longue durée des
études et des classes et partant la sédentarité
exagérée, le séjour prolongé dans une atmosphère
viciée et qui va s'altérant de plus en plus avec la
durée du travail, les pratiques de l'onanisme, le
défaut d'exercice physique, l'insuffisance des
heures de sommeil. C'est d'ailleurs à cette con-
clusion que se sont rangés la plupart des neuro-

logues qui ont étudié avec quelque soin la neurasthénie chez les écoliers des lycées et des collèges
(Hasse, Kraft-Ebing, Meynert, Von Hössling).

Surmenage moral. — Les passions dépressives,.
c'est-à-dire le chagrin, l'anxiété, les déceptions, le
remords, l'amour contrarié, en un mot, tous les
états de tristesse et d'inquiétude, voilà quelles sont
le plus souvent les causes de l'épuisement nerveux.

Le surmenage moral, sous ses multiples formes,
est à coup sûr le facteur le plus puissant et aussi
le plus répandu de la neurasthénie. Nous avons
noté qu'il associait presque toujours son influence
toujours néfaste à celle moins active et plus
incertaine du surmenage intellectuel et qu'une
bonne part des méfaits attribués à ce dernier
lui appartenait. On pourrait appliquer la même
remarque aux autres causes de la neurasthénie de
quelque nature qu'elles soient. Tous les médecins
qui ont l'occasion de voir un grand nombre de
neurasthéniques et qui prennent soin de s'enquérir
des circonstances au milieu desquelles est apparue
la maladie, savent qu'il est bien peu d'états
d'asthénie nerveuse, à l'origine desquels on ne
découvre quelque peine morale ; on pourrait
affirmer sans exagération que la plupart des neurasthéniques ont été plus ou moins touchés au
point de vue *affectif.* — Parmi les causes de
passions dépressives, qui interviennent si souvent

dans l'espèce, il faut citer surtout la mort des enfants, les deuils, les revers de fortune, les soucis de la vie matérielle. On conçoit aisément que des causes de cet ordre exercent leur action dans toutes les classes de la société. Aussi la plupart des cas de neurasthénie observés dans les classes pauvres et notamment dans la clientèle hospitalière, qui échappe évidemment aux autres modes de surmenage cérébral, se rattachent-ils à cette origine.

Vie mondaine. — La vie mondaine doit figurer parmi les causes possibles du surmènement. Non qu'elle exige nécessairement une dépense exagérée d'activité cérébrale; mais elle expose ceux qui la mènent à des sources multiples de fatigue. Bien qu'elle soit surtout à la portée des oisifs, elle laisse peu de temps pour les loisirs reposants du *chez soi* et pour les distractions calmes et réconfortantes du *home*. Il n'y a pas, a-t-on dit, de gens plus occupés que ceux qui ne font rien; cet aphorisme est plus vrai que ne porterait à le penser son apparence paradoxale. On n'aura pas de peine à s'en convaincre en se représentant ce qu'est l'existence, dans le milieu parisien surtout, des personnalités *lancées*, comme on les appelle dans l'argot courant. Le mondain, la mondaine surtout sont absorbés tout le jour par les exigences que leur imposent les conventions et le

vain souci de leur réputation : les visites, les
dîners, les bals, les soirées leur font une vie de
continuelle contrainte et d'obligations sans répit.
La mode, qui pour l'heure a introduit chez nous
la tendance à copier les habitudes anglaises, et
qui momentanément (car toute mode est passagère) a fait entrer dans les mœurs des gens
select le goût des promenades au grand air et des
exercices de sport dans la matinée, atténue,
il faut le dire, dans une certaine mesure, les
inconvénients sérieux d'un genre d'existence contraire à toutes les règles de l'hygiène. Elle les
atténue, mais ne les supprime pas. Si l'on réfléchit aux conditions de la vie mondaine telle
qu'elle se pratique chez nous (et M. Melchior de
Vogüé a montré qu'à cet égard la Russie n'avait
rien à nous envier), aux excitations de toutes
sortes dont elle est l'occasion, aux fatigues physiques qu'elle entraîne et qui résultent presque fatalement de l'habitude des repas trop longs et trop
copieux, dans des salles souvent surchauffées, des
longues veillées, de l'insuffisance du sommeil, au
moins du sommeil pris aux heures régulières, on
ne s'étonnera pas qu'elle soit fréquemment la
cause du développement de l'asthénie nerveuse.
On le comprendra d'autant mieux que cette existence toute artificielle et factice entraîne presque
nécessairement à sa suite une sorte de surmenage
moral qui résulte des efforts mesquins faits pour

réaliser les fantaisies de la vanité, ou des vexa-
tions d'amour-propre qu'occasionne l'incomplète
satisfaction de ces fantaisies. Rien n'est énervant,
rien n'est propre à déséquilibrer le système nerveux et à l'affaiblir comme l'unique préoccupation
de la recherche du plaisir et de la satisfaction des
désirs les moins élevés et les moins nobles. Le
souci du rôle utile que chacun peut remplir dans
son milieu suivant ses aptitudes et ses facultés,
n'est pas seulement un élément de moralisation,
c'est à certains égards une condition de santé, et
la neurasthénie est souvent la légitime mais
regrettable rançon de l'inutilité, de la paresse, ou
de la vanité.

Surmenage musculaire. — Le surmenage musculaire est-il lui aussi (et à lui seul) capable de
l'engendrer ? La chose ne nous semble pas absolument démontrée. Les exemples qu'on cite sont
rares, si toutefois, ce qui doit être, l'on a soin
de ne faire entrer en ligne de compte que les cas
dans lesquels un travail musculaire excessif
paraît être le seul facteur étiologique qui puisse
être incriminé. Pour notre part, nous n'avons
observé aucun fait de cet ordre, mais on en trouve
de-ci de-là dans les auteurs. Tel est le cas dont
M. Bouvret a relaté l'histoire et qui concerne un
forgeron, employé depuis dix ans dans un atelier
de métallurgie à des travaux particulièrement

pénibles qui exigeaient une dépense de force
musculaire considérable. Cet homme ne présentait aucun symptôme d'affection organique des
centres nerveux ; mais il se plaignait d'une douleur sourde et continue au front et à la nuque ; il
avait de l'insomnie et une faiblesse telle qu'après
quelques minutes de marche il se sentait comme
épuisé. En outre il était devenu impressionnable
au point d'être pris de tremblement à l'occasion
de la plus légère émotion. Cette observation paraît
probante ; mais elle le serait plus encore si l'on y
avait mentionné qu'aucune inquiétude, aucune
préoccupation vive, aucun choc moral n'avaient
pour leur part, en dehors du surmenage physique,
contribué à déprimer cet ouvrier robuste et aidé
au développement de sa maladie. A cet égard
nous avons récemment recueilli le fait suivant qui
ne manque pas d'intérêt. Il concerne un jeune
maître d'armes qui présentait tous les signes d'un
état neurasthénique confirmé. Comme cet homme
avait ressenti les premières atteintes de son mal à
la suite d'une série d'assauts violents et prolongés,
on crut devoir l'attribuer, ainsi qu'il le faisait lui-
même, à l'excès de fatigue musculaire qu'il s'était
imposé. Mais en interrogeant le malade on appre-
nait que le travail musculaire excessif auquel
il s'était livré avait eu lieu comme préparation
à un tournoi d'escrime dont l'issue importait au
plus haut degré. Durant les jours qui précédèrent

l'assaut public où il devait figurer, ce jeune homme avait été dans un état de surexcitation telle qu'il avait perdu l'appétit et le sommeil. L'épreuve ayant tourné à son désavantage, il en conçut un vif chagrin, devint triste, abattu, sujet à des maux de tête fréquents ; il en vint à s'inquiéter de plus en plus de son état et en fin de compte versa dans la neurasthénie confirmée. Il est évident que dans ce cas le surmenage physique semble au premier abord avoir été la cause unique de l'épuisement nerveux ; et pourtant tout autorise à avancer que la préoccupation inquiète où le malade vécut dans l'attente d'une épreuve très importante pour lui, et que le découragement qui suivit l'insuccès, ont joué quelque rôle, vraisemblablement le rôle essentiel et peut-être le rôle unique, dans la genèse de ce cas de neurasthénie. Nous avons tenu à citer ce fait parce qu'il montre clairement combien il est facile, à défaut d'une enquête attentive, d'attribuer à tel ou tel élément étiologique et, dans le cas présent, au surmenage musculaire, une influence pathogénique qu'en réalité il ne possède pas. Il nous semble que cette remarque est applicable au petit nombre de faits de neurasthénie par surmenage musculaire, publiés jusqu'à ce jour. En somme, il ne nous paraît pas démontré que l'activité exagérée des centres moteurs et des muscles puisse produire un épuisement nerveux durable. Les cas de cet

ordre, s'ils existent, doivent être certainement
très rares.

Intoxications. — Les intoxications, ou du moins
l'usage abusif, habituel et prolongé des substances
toxiques, figurent incontestablement parmi les
facteurs étiologiques de la neurasthénie. A cet
égard il faut citer en première ligne les abus d'alcool, de tabac, l'usage de la morphine et de la
cocaïne, que ces substances soient absorbées par
la voie gastrique ou par la voie sous-cutanée.

Mais en ce qui concerne l'action de ces substances sur le système nerveux, il est nécessaire de
s'entendre. On sait que certains poisons, l'alcool
surtout, la cocaïne, exercent sur le cerveau et la
moelle des effets en quelque sorte spécifiques, en
vertu desquels ces organes réagissent de façons
diverses suivant la nature des agents toxiques qui
les ont impressionnés : les hallucinations de l'alcoolique ne sont pas les mêmes que celles du
cocaïnique ; la symptomatologie de la morphinomanie diffère, est-il besoin de le dire, de celle du
tabagisme. Or la neurasthénie, quand elle relève
d'une ou plusieurs des intoxications dont nous
venons de parler, ne présente pas de physionomie
spéciale en rapport avec la cause qui l'a produite.

Ce qui paraît démontrer que si les substances
toxiques sont capables d'amener l'asthénie nerveuse c'est en vertu d'une action générale et peut-

être détournée sur le système nerveux, bien différente de leur action spécifique.

Et de fait il semble, en pareil cas, que les troubles digestifs, ceux de la nutrition, du sommeil, qui sont communs chez les gens qui abusent des poisons, que l'état moral particulier de la plupart de ces derniers, ne soient pas étrangers à la génèse de l'état neurasthénique.

Il faut encore citer parmi les intoxications qui quelquefois provoquent cet état, certaines intoxications professionnelles et notamment les intoxications saturnine, mercurielle, sulfo-carbonée. Mais dans les faits de cet ordre, on le sait, les accidents de nature hystérique s'associent le plus habituellement aux symptômes de la neurasthénie, on a alors affaire à l'hystéro-neurasthénie dont les poisons que nous venons d'énumérer sont de puissants agents provocateurs.

Maladies infectieuses et organiques diverses. — On sait combien les maladies infectieuses sont capables de troubler par des processus tantôt délicats et tantôt grossiers la nutrition du cerveau, de la moelle épinière et des nerfs. Par les troubles vasculaires qu'elles déterminent, par les toxines qu'elles jettent dans l'organisme, elles compromettent fréquemment l'intégrité anatomique et fonctionnelle des éléments nerveux. Aussi la plupart des auteurs qui ont écrit sur la neurasthénie

ont-ils rangé les états infectieux au nombre de
ses causes les plus efficaces (Beard, Hamilton,
Berger).

, La fièvre typhoïde, la grippe et la malaria ont
été particulièrement incriminées. C'est quelquefois
dans le cours de la convalescence, mais le plus
souvent alors que la santé générale des malades
semble être revenue à son état normal que l'on
voit apparaître les premiers symptômes de la
névrose. Nous ne nions pas que les infections
diverses puissent créer de toutes pièces, en dehors
de toute prédisposition héréditaire, un état neurasthénique bien caractérisé ; mais nous pensons
que dans la majorité des cas la maladie infec-
tieuse agit surtout à la manière d'une cause prédisposante en diminuant la résistance des centres
nerveux, qu'elle rend aussi plus vulnérables. Si
l'on interroge avec soin les malades de cette catégorie, on s'aperçoit fréquemment que la neurasthénie n'est apparue chez eux qu'après qu'une
émotion, une frayeur, des chagrins étaient venus
ébranler le cerveau de ces convalescents. Cela est
surtout vrai pour la syphilis (Fournier), la blennorrhagie, les malades vénériennes en général, qui
sont autant de facteurs puissants de la neurasthénie, mais qui agissent surtout par l'intermédiaire de la crainte, de l'angoisse, de l'état d'inquiétude où elles jettent la plupart des sujets qu'elles
atteignent. Il en est de même de la tuberculose,

du mal de Bright, des cardiopathies. Ce ne sont
là que des causes accessoires qui sans doute ne
suffiraient pas à créer la névrose si elles n'étaient
en même temps pour les sujets qu'elles touchent
une source de terreurs, de pensées tristes et de
préoccupations pénibles. Toutefois il ne faudrait
pas exagérer le rôle de l'élément moral dans la
genèse de la neurasthénie; et il ne nous paraît
pas douteux que certaines maladies infectieuses
puissent exceptionnellement engendrer l'affection
de toutes pièces. C'est du moins le cas de l'in-
fluenza dont les affinités pour le système nerveux
sont bien connues et qu'on retrouve fréquemment
à l'origine de la neurasthénie.

Charcot a montré que cet état morbide associait
parfois comme l'hystérie ses symptômes à ceux
des maladies organiques du système nerveux. Il
n'est pas rare en effet de voir des états neurasthéniques bien caractérisés associés au tabes spas-
modique, à la sclérose en plaques ou à l'ataxie
locomotrice, ou même à la paralysie générale
(Régis).

Ici encore il nous paraît plus juste d'accuser
les préoccupations morales, la tristesse profonde qu'entretient dans un esprit cultivé la
pensée d'une maladie grave et incurable, que de
supposer on ne sait quelle vague influence exercée
par les lésions spinales sur les autres centres
nerveux et produisant par une sorte d'action à

distance le trouble léger d'où procèdent les symptômes de l'épuisement nerveux.

Frayeurs et traumatismes. — La neurasthénie se développe parfois sous l'influence immédiate d'une émotion intense et subite et plus particulièrement d'une vive frayeur. Cet état émotionnel est capable en effet de provoquer en quelques jours et même en quelques heures l'apparition des symptômes caractéristiques de l'épuisement nerveux. Tous les auteurs qui ont écrit sur les causes de la neurasthénie et sur la pathologie des émotions ont vu et relaté des faits de cet ordre.

C'est à la frayeur occasionnée par les circonstances souvent dramatiques de l'accident qu'on doit rapporter la plupart des cas de neurasthénie dite *traumatique*. Nous dirons plus loin quelques mots de cette forme de l'affection, qui s'observe surtout à la suite des grands ébranlements provoqués par des catastrophes publiques (accidents de chemin de fer, tremblements de terre, etc.). Le choc moral dans ces cas joue un rôle bien plus important que le choc physique, la preuve en est que ce n'est pas chez les individus les plus gravement meurtris que l'affection se développe.

Dyspepsies. — *Troubles génitaux.* — *Affections utéro-ovariennes.* — C'est une opinion très généralement acceptée que certains états dyspeptiques,

certains troubles génitaux et chez la femme les
affections utéro-ovariennes sont parfois le point de
départ, la cause première de la neurasthénie. On
a édifié sur ces données un certain nombre de
théories pathogéniques que nous exposerons ultérieurement en un chapitre spécial. Comme des
troubles de même ordre, intéressant les mêmes
appareils (estomac, intestins, organes génitaux),
font partie intégrante du tableau clinique de la
maladie, la discussion de leurs rapports avec les
états neurasthéniques trouvera sa place naturelle
à la suite de la description des symptômes et des
formes de la neurasthénie.

Résumé. — Au terme de cette rapide étude analytique des causes de la neurasthénie, jetons un
coup d'œil en arrière sur les développements dans
lesquels nous venons d'entrer afin de les résumer
et d'en montrer par avance et brièvement la portée
pratique.

Toutes les causes que nous avons énumérées
n'ont ni la même efficacité ni la même fréquence.
La cause prédisposante par excellence, celle qui
dans le plus grand nombre des cas prépare le terrain et facilite l'action des éléments étiologiques
occasionnels, c'est l'*hérédité neuro-arthritique.*

Son intervention, pour commune qu'elle soit,
n'est cependant pas indispensable. Il n'est pas
douteux que la neurasthénie puisse être créée de

toutes pièces : on peut même dire qu'elle constitue l'une des portes d'entrée, peut-être la principale, par lesquelles on pénètre dans l'hérédité pathologique; c'est le premier rameau de l'arbre généalogique, aux branches nombreuses et touffues, qui représente la famille névropathique.

A la suite de l'hérédité et après elle viennent : la *mauvaise éducation*, qui permet aux tares originelles de se développer librement et jette dans la vie des sujets, mal préparés à la lutte, physiquement et moralement déprimés ; la *puberté* avec les sensations nouvelles, les préoccupations et les appétits qu'elle fait naître, et qui, mal réglés, peuvent troubler profondément l'équilibre nerveux.

Puis interviennent toutes les causes occasionnelles, faibles ou puissantes, brusques ou durables, suffisantes ou secondaires, mais qui toutes ont pour effet commun d'affaiblir le système nerveux ou d'en vaincre la résistance : mauvaise hygiène, soucis exagérés des affaires, excès de travail, préoccupations de l'ambition, abus d'alcool et de tabac, maladies aiguës ou chroniques, affections utéro-ovariennes chez la femme, chocs traumatiques, et par-dessus tout les *passions dépressives*.

Cette étude des causes de la neurasthénie est appelée à nous donner la clef des indications à remplir au point de vue de l'hygiène prophylactique de l'affection. Mais il ne faut pas perdre de

vue que dans la réalité les facteurs étiologiques
qui interviennent sont presque toujours multiples.
Ce n'est pas la partie la plus aisée de la tâche du
médecin que de déceler parmi ces facteurs les
principaux et les accessoires, et cependant il ne
faut pas perdre de vue que de la détermination
du rôle qui revient à chacun d'eux dépend en
grande partie l'hygiène à instituer et la thérapeutique à prescrire.

TROISIÈME PARTIE

SYMPTOMES ET FORMES CLINIQUES
DE LA NEURASTHÉNIE

CHAPITRE I

Tableau général.

Les troubles fonctionnels dont se plaignent les neurasthéniques sont à la fois très nombreux et très variés. En s'associant de cent manières différentes, ils réalisent, suivant les cas, des syndromes cliniques d'une diversité très grande. De plus chaque symptôme de la série neurasthénique, considéré isolément, se montre dissemblable d'un cas à l'autre : atténué au point d'être à peu près négligeable chez tel malade, accentué et inquiétant chez tel autre, absent chez un troisième. Il suit de là que pour être en mesure de réglementer convenablement l'hygiène thérapeutique de chaque sujet, le médecin doit, par une enquête attentive, dresser au préalable le bilan des troubles fonctionnels que celui-ci présente et reconnaître la valeur de chacun d'eux. Parmi les troubles, il en est en effet de peu d'importance et qu'on est en droit de négliger; par contre il en est qui, en raison de leur intensité et de la fonction qu'ils intéressent (les troubles dyspeptiques entre autres), sont capables de retentir sur l'état général du malade et de contribuer pour une bonne part à l'entretien de l'épuisement nerveux. Nous sommes ainsi conduits à tracer dans cette étude non pas une description méthodique et complète des signes de la neurasthénie, mais un tableau suffisamment explicite des principales modalités que peuvent présenter les grands symptômes de la névrose et les diverses formes que celle-ci est susceptible de revêtir, chacune d'elles, ainsi que nous le verrons, étant appelée à fournir des indications thérapeutiques particulières. Or, dans la pratique, il n'est pas toujours commode de dégager la formule exacte de l'état neurasthénique d'un malade. En effet on se heurte souvent à des difficultés qui proviennent du caractère subjectif des symptômes et de l'état mental du sujet.

Il est peu de malades dont l'examen exige autant de patience et de tact qu'en demande celui des neurasthéniques. En présence d'une symptomatologie qui manque presque complètement de caractères objectifs, le médecin n'a d'autre moyen d'informations que les dires, les doléances mêmes

du patient; or bien peu de sujets sont capables
d'une observation précise et d'une appréciation
exacte de leurs troubles fonctionnels. Au point
de vue de l'habitus extérieur, on a coutume de
ranger les neurasthéniques en deux groupes :
ceux qui sont très déprimés, parlent peu et
répondent mal aux questions qu'on leur pose, et
ceux qui semblent excités et parlent trop.

Le neurasthénique *déprimé*, qu'il s'agisse d'un
ouvrier victime d'un traumatisme ou d'un homme
accablé par quelque affliction, se présente sous
un aspect à peu près uniforme et qui frappe
dès l'abord. M. Bouveret en a tracé une peinture
fort exacte. « Le patient, dit-il, est pâle et amaigri,
il est sans force et sans courage, toujours triste
et abattu. Toutes les choses lui apparaissent par
le mauvais côté. On le voit rarement sourire. Il
va la tête baissée, évitant les regards, son œil est
alangui, sans éclat. Il n'ose guère regarder en
face celui qui lui parle, et le vague de son regard
est comme un signe d'impuissance, un aveu de
l'infériorité de sa force morale. Il a toujours la
démarche d'un homme fatigué; il est généralement très sensible au froid et vêtu pendant l'été
presque comme pendant l'hiver; sa parole est
lente, entrecoupée, traînante; ce neurasthénique
n'est pas bavard... » Il l'est si peu que si quelque
personne de son intimité l'accompagne, on le
voit, dès les premiers mots que lui adresse le

médecin, se tourner vers elle comme pour la solliciter de répondre pour lui; ainsi font souvent les paralytiques généraux. Si on le presse de répondre, de s'expliquer sur les causes de son mal, sur le siège de ses souffrances, il le fait brièvement en phrases courtes. « J'ai mal à la tête, j'ai mal à l'estomac, j'ai mal partout, je suis fatigué, je suis faible, je ne puis plus travailler. » Et l'on a grand'peine du moins à un premier examen à obtenir de lui quelques détails circonstanciés.

D'autres neurasthéniques se présentent avec toutes les apparences d'une santé parfaite. Ils ont de l'embonpoint, le teint frais, le regard assuré. Ils sont capables d'une certaine activité. Ils ont le geste vif, la parole facile, et dès les premiers mots de l'interrogatoire se lancent avec entrain, on dirait avec plaisir, dans un interminable récit de malaises, de sensations pénibles, quelquefois de douleurs, qui font contraste avec leur bonne mine. Ils n'inspirent guère la pitié et passent généralement parmi les personnes de leur entourage, témoins de la variabilité de leur humeur et des symptômes qu'ils accusent, pour des malades imaginaires. A en juger par la description de Beard, cette variété de neurasthéniques semble être particulièrement fréquente chez les Américains du nord. C'est dans cette catégorie de malades que se rencontre le plus souvent le type que Charcot a marqué d'une appellation pittoresque, « l'homme aux petits papiers ». Celui-là s'imagine que le médecin « comprendra mal » son état s'il ne lui fait connaître jusqu'au plus petit symptôme de son affection ; il a peur d'oublier quelque détail qui pourrait bien avoir son importance ; il connaît les défaillances de sa mémoire et doute de ses facultés, ou bien il s'est rendu compte dans des consultations antérieures que le récit de ses maux exigeait trop de temps, et on le voit en présenter dès l'abord, ou après quelque discours, le relevé manuscrit sous forme de liste ou de description compliquée.

Entre ces deux types extrêmes de neurasthéniques que nous venons d'esquisser, il y a, on le conçoit aisément, une foule d'intermédiaires qu'il nous est impossible de décrire ici. D'ailleurs quel que soit le genre auquel ils appartiennent, qu'ils soient excités ou déprimés, les neurasthéniques, même les plus intelligents, qu'ils parlent ou qu'ils écrivent, tracent presque toujours de leurs troubles fonctionnels une description incohérente et diffuse que le médecin ne doit accepter qu'après en avoir contrôlé les éléments par une enquête attentive. Les uns décrivent minutieusement, avec une insistance qui ne se lasse point, quelques symptômes d'ordre secondaire et signalent à peine ceux d'une réelle importance. D'autres parlent abondamment de leur céphalée, de leur faiblesse musculaire, mais ils cachent volontiers leur émotivité, leurs craintes puériles, leurs états d'anxiété, et l'impuissance de leurs facultés intellectuelles, tous symptômes dont l'aveu déplaît à leur amour-propre. La conduite à tenir vis-à-vis de ces malades est donc très délicate pour qui veut acquérir la connaissance exacte de leur état pathologique. Il importe tout d'abord de gagner leur confiance en écoutant patiemment, comme avec intérêt, le long et confus récit de leurs souffrances. On peut ensuite fixer leur attention sur tel ou tel trouble fonctionnel, et obtenir des renseignements précis sur les caractères et l'intensité de ce symptôme. En procédant ainsi par des interrogatoires méthodiques, prudemment dirigés et souvent répétés, le médecin pourra contrôler peu à peu les dires du patient, séparer le vrai du faux et démêler, en les groupant suivant leur importance clinique, les symptômes marquants parmi ceux d'ordre secondaire.

Il convient dans chaque cas de rechercher et d'étudier en premier lieu les symptômes qui sont caractéristiques de l'épuisement nerveux et qu'on peut appeler fondamentaux.

CHAPITRE II

Principaux symptômes ou stigmates
de la neurasthénie.

Dans l'ensemble des phénomènes morbides que présentent les neurasthéniques, il est un certain nombre de symptômes que les cliniciens ont été conduits à distinguer, à placer en quelque sorte hors de pair et que les nosographes ont soin de mettre en relief dans leurs descriptions parce que ces symptômes sont en effet plus fréquents et plus caractéristiques que tous les autres. Comparables en cela à certains signes permanents et fondamentaux de l'hystérie, ils méritent bien la dénomination de *stigmates* de la neurasthénie que Charcot proposa de leur donner ; ce sont la *céphalée*, la *rachialgie*, l'*asthénie neuro-musculaire*, la *dyspepsie par atonie gastro-intestinale*, l'*insomnie*, et enfin la *dépression cérébrale* qu'accompagnent parfois des accidents mentaux particuliers. Les symptômes cardinaux se montrent en général dès le début de l'affection ; ils en constituent les premières mani-

4

festations et ne disparaissent qu'avec la maladie elle-même. Ils figurent toujours en totalité ou en partie dans le cortège des troubles fonctionnels, quelle que soit la forme clinique sous laquelle se réalise la neurasthénie et quelle que soit sa cause. Les stigmates neurasthéniques sont pour le clinicien des points de repère précieux. Du reste il n'est pas rare qu'ils existent seuls ou à peu près seuls et qu'ils s'associent en un syndrome clinique qui répond précisément à une des formes les plus communes de la maladie. Le médecin devra par conséquent s'attacher à rechercher l'existence de ces troubles fonctionnels primordiaux et à noter chez chaque malade leurs modalités, leurs variations. Quelques-uns d'entre eux, notamment les troubles des fonctions digestives, ceux de l'état mental pourront lui fournir, après une analyse judicieuse de leurs caractères, d'utiles indications au point de vue thérapeutique.

a. Céphalée. — C'est un symptôme commun et qui existe dans les trois quarts des cas. La céphalée des neurasthéniques a des caractères très spéciaux : elle n'est pas douloureuse au sens propre du mot. Il s'agit le plus souvent d'une sensation de pression, de plénitude ou de constriction qui à la longue finit par exaspérer les malades. Il leur semble, disent-ils, qu'ils portent sur la tête une masse pesante ou bien une coiffure trop lourde et trop serrée. C'est

ce que Charcot appelait le *casque neurasthénique*.
Cette céphalée ne s'étend pas toujours à tout le
crâne; elle se cantonne assez habituellement à
l'occiput (*plaque occipitale*). Beaucoup de malades,
en effet, lorsqu'on leur demande où siège leur
souffrance, portent aussitôt la main à la nuque;
ils incriminent le *cervelet*. D'autres fois elle se
localise au front, aux tempes, au sommet de
la tête. Certains neurasthéniques se plaignent
surtout d'une sensation de pression, de serre-
ment siégeant à la racine du nez ou sur les
globes oculaires. D'autres accusent des sensations de vide ou de corps flottants dans la cavité
cranienne. Il leur semble qu'ils ont dans l'intérieur du crâne comme un liquide qui se déplace
en divers sens; ils perçoivent souvent à l'occasion des mouvements de rotation de la tête des
craquements à la nuque, à la partie supérieure de
la colonne vertébrale.

La céphalée neurasthénique se montre parfois
continue, incessante, mais elle passe le plus souvent par des phases alternantes d'exaspération et
d'apaisement qui se règlent en général de la façon
suivante : le matin, dès qu'il s'est levé, le patient,
frappé d'épuisement nerveux, souffre de la tête; sa
céphalée redouble surtout d'intensité quand il est
à jeun, dans les moments qui précèdent le second
déjeuner. Pendant le repas elle se calme et souvent même se dissipe complètement. Cet état de

bien-être se prolonge ordinairement un quart
d'heure, une demi-heure ; à ce moment le travail
de la digestion commence à se faire sentir avec
tous les malaises qui l'accompagnent : la lourdeur de tête reparaît, d'abord violente, puis plus
faible jusqu'au soir. Tout travail intellectuel, la
lecture, la rédaction d'une lettre, une conversation tant soit peu prolongée, une émotion, le bruit,
augmentent la céphalée. Durant les paroxysmes les
malades éprouvent quelquefois une hyperesthésie
du cuir chevelu tellement vive qu'ils ne peuvent
supporter l'attouchement des cheveux (Beard) ; ils
accusent aussi des bourdonnements d'oreilles, des
sensations de vertige. On n'aperçoit pas toujours
la cause provocatrice des paroxysmes ; ils surgis-
sent parfois sans raison apparente et alternent
avec des phases de répit plus ou moins prolongées,
sans qu'on puisse se rendre compte des influences
qui régissent ces variations.

b. Rachialgie. — Les sensations pénibles ou
douloureuses que les neurasthéniques éprouvent
dans le dos, le long de la colonne vertébrale, sont
à peu près semblables à celles qui constituent leur
céphalée. La *rachialgie* toutefois est moins commune que la céphalée. Elle consiste habituellement en des sensations de pression, de tiraille-
ment ou de gêne qui peuvent occuper les diverses
régions de l'épine dorsale, mais qui siègent le plus

souvent au niveau de la septième vertèbre cervicale, des vertèbres lombaires ou du sacrum. Cette dernière localisation est à coup sûr la plus fréquente (*plaque sacrée de Charcot*).

Cependant, la rachialgie peut se présenter sous d'autres aspects. Quelques malades accusent sur toute l'étendue de la colonne vertébrale une sensation de raideur vaguement douloureuse ou de courbature qui les gêne dans leurs mouvements. Ces sensations profondes, plus ou moins pénibles, s'accentuent généralement sous l'influence de la marche, de la station debout, des mouvements de flexion et de redressement du tronc, et chez les femmes au moment des époques, Parfois, elles s'accompagnent d'une véritable hyperesthésie de la peau ; en pareil cas, en exerçant une pression même légère sur la crête des apophyses épineuses, on peut provoquer une douleur vive et comparable à la douleur lancinante des névralgies.

Lorsque la rachialgie se montre ainsi intense, réellement douloureuse et tenace, elle est fréquemment annexée à des sensations de pesanteur dans les membres inférieurs, à des hyperesthésies des organes génito-urinaires. Ce sont ces cas qui ont été décrits par quelques pathologistes sous le nom d'*irritation spinale* ; l'irritation spinale ne constitue point une espèce morbide distincte, mais une simple modalité clinique de l'épuisement nerveux.

*c. **Asthénie neuro-musculaire***. — L'affaiblissement de l'énergie motrice est un des symptômes les plus communs de la neurasthénie. Il est peu de neurasthéniques, même parmi les moins déprimés, qui n'aient perdu une part notable de l'activité musculaire dont ils disposaient avant le début de leur maladie. Ce trouble fonctionnel, dans sa forme légère, consiste simplement en une sensation continuelle de fatigue qui existe le matin dès le réveil et que la plupart des malades accusent spontanément. A ce degré, elle n'empêche pas le patient de vaquer, tant bien que mal, à ses occupations quotidiennes. Lorsqu'elle atteint un degré plus élevé, le malade se plaint amèrement de sa faiblesse; il est incapable d'accomplir d'un trait quelque peu prolongé les actes les plus simples sans éprouver aussitôt une lassitude insurmontable. Rester debout, marcher, parler, est pour lui une cause de fatigue. Il semble que sa réserve de force motrice soit tellement insuffisante qu'elle s'épuise au moindre effort; suivant la remarque de Beard, ces neurasthéniques sont toujours en imminence de fatigue musculaire : tout les abat. On comprend aisément que ce symptôme, lorsqu'il est quelque peu accentué, puisse troubler gravement l'existence des malades. Il en est que leur impuissance à se mouvoir réduit à abandonner l'exercice de leur profession.

L'*amyosthénie* présente, dans un bon nombre de cas, cette particularité curieuse qu'elle semble se localiser à certains groupes musculaires, ou du moins ne se manifester qu'à l'occasion d'un certain nombre de mouvements. En voici quelques exemples frappants : un pianiste est atteint d'épuisement nerveux à la suite d'une émotion violente ; entre autres symptômes neurasthéniques, il accuse une faiblesse singulière de ses membres supérieurs : dès qu'il se met à jouer du piano, il éprouve, dit-il, dans toute l'étendue des membres supérieurs, une lassitude douloureuse qui l'oblige rapidement à interrompre son jeu. Or il est capable de faire pendant longtemps des armes et de l'escrime sans ressentir aucune fatigue des bras. M. Bouveret a rapporté le fait que voici : un homme d'affaires devient neurasthénique après avoir éprouvé une frayeur. Chez lui, l'asthénie neuro-musculaire intéresse à peu près exclusivement les membres inférieurs : il ne peut absolument pas rester debout plus de dix minutes. A ce moment, la sensation de fatigue apparaît si vite et devient telle qu'il est obligé de s'asseoir ou de s'appuyer le genou sur une chaise. Cette localisation de l'amyosthénie aux membres inférieurs est surtout commune dans la neurasthénie féminine. Elle en est parfois le symptôme dominant. Certaines malades obsédées, désespérées par cette faiblesse permanente, renoncent peu à peu à la marche et à la station debout ; elles refusent de sortir pour passer leurs journées étendues sur une chaise longue.

Il est un autre caractère de l'asthénie neurasthénique qui mérite d'être souligné, c'est qu'elle ne va jamais jusqu'à réaliser une paralysie véritable et que, dans la majorité des cas, tout en étant plus ou moins continue, elle varie, s'atténue, se dissipe ou s'accroît du jour au lendemain, on pourrait dire d'un instant à l'autre, et cela surtout sous l'influence de causes diverses, mais qui sont principalement d'ordre moral.

Nous verrons, en étudiant l'état mental des neurasthéniques, que cette impuissance motrice dépend bien plus, au moins chez quelques-uns, d'un trouble purement psychique que de l'épuisement rapide de leurs cellules motrices ou de leurs muscles, comme on le croit généralement. Dans la pratique, cette distinction a bien son importance. Nous montrerons ultérieurement quels profits on en peut tirer au point de vue thérapeutique.

d. Insomnie. — Ce symptôme de l'épuisement nerveux n'est pas rare, mais il est loin d'être constant; il fait souvent défaut dans la neurasthénie féminine, s'observe plus particulièrement dans la forme cérébrale de la neurasthénie lorsque celle-ci s'est développée sous l'influence d'un excès de travail intellectuel, de préoccupations tristes. L'insomnie des neurasthéniques se présente avec

des caractères variables. Parmi les malades qui en
sont affectés, il en est qui, dès qu'ils sont couchés,
s'endorment facilement, mais après quelques instants de sommeil ils s'éveillent tout à coup dans
un état d'excitation qui persiste, quelques efforts
qu'ils fassent pour se calmer; ils s'agitent, se
retournent au lit et ce n'est qu'à une heure avancée
de la nuit ou même aux approches du jour qu'ils
parviennent à se rendormir; d'autres malades se
couchent avec la crainte, la conviction même,
qu'ils ne dormiront pas. Il leur est extrêmement
difficile en effet, et souvent même impossible, de
s'endormir même un instant; ils sont tenus au
réveil par une sorte d'inquiétude mentale, de cogi-
tation incessante, parce qu'ils ont l'esprit harcelé
par un défilé rapide d'images, d'idées et de souvenirs vite associés et qu'il leur est impossible de
réprimer. Enfin dans un certain nombre de cas,
l'insomnie ne peut s'expliquer par rien; c'est
l'absence pure et simple du besoin de dormir. Le
sujet est calme, il a l'esprit en repos, aucune
pensée inquiète ne le tourmente, il lui est cependant imposssible de sommeiller.

Les *rêves* sont très fréquents; ils sont presque
toujours pénibles et le patient y joue le mauvais
rôle; il est témoin de quelque drame effrayant et
court les plus grands dangers, ou bien il est victime d'un accident grave, se voit poursuivi par
des assassins, assiste impuissant à la mort violente

de quelque personne qui lui est chère. Ces cauchemars sont particulièrement fréquents dans les cas d'hystéro-neurasthénie traumatique et dans ceux d'épuisement nerveux consécutifs à des émotions subites et violentes. Ces songes terrifiants secouent les malades, les réveillent brusquement et les laissent dans un état d'angoisse ou d'émoi qui longtemps s'oppose à la reprise du sommeil. Les rêves des neurasthéniques n'affectent pas toujours ces allures violentes, ils peuvent se prolonger durant la majeure partie de la nuit sans que le sommeil du malade en soit interrompu, mais ce sommeil traversé de songeries incessantes est presque aussi peu réparateur que l'insomnie elle-même et l'on comprend aisément que le matin dès le réveil, la fatigue cérébrale, le malaise et la céphalée soient tout aussi grands que si le sujet n'avait pas fermé l'œil de la nuit.

e. Troubles digestifs. — *États dyspeptiques des neurasthéniques.* — Les troubles des fonctions digestives occupent une place très importante dans le tableau clinique de la neurasthénie. Leur apparition marque parfois le début même de la maladie; ils persistent le plus souvent autant qu'elle. Légers ou graves, ils contribuent par les préoccupations, les inquiétudes qu'ils font naître dans l'esprit des malades, par le trouble qu'ils jettent dans leur alimentation et leur nutrition à entretenir ou à accroître l'épuisement nerveux.

On sait aujourd'hui, d'après des recherches nombreuses, que les états dyspeptiques observés chez les neurasthéniques ne répondent nullement à une formule univoque. Depuis la publication du mémoire de Leube sur la dyspepsie nerveuse, maints auteurs, soit en Allemagne, soit en France, ont étudié avec soin cette question. Bien que les conclusions de leurs enquêtes diffèrent encore par quelques points importants, on en peut néanmoins déduire cette donnée essentielle que la dyspepsie des neurasthéniques est loin d'être toujours identique à elle-même et que le trouble des fonctions gastriques d'où elle dérive, de nature variable, diffère effectivement suivant le cas. Il s'ensuit que dans la pratique le médecin doit s'attacher, en utilisant tous les moyens d'information dont il dispose, à préciser autant que possible le caractère et le degré des troubles dyspeptiques présentés par chaque sujet. Une analyse méthodique de chaque cas particulier peut seul le conduire à des déductions pronostiques et thérapeutiques d'un réel intérêt.

1. *Dyspepsie par atonie gastro-intestinale.* — Le type de dyspepsie le plus fréquent est celui auquel on a appliqué les dénominations significatives de dyspepsie *par atonie gastro-intestinale* (Bouveret) ou de dyspepsie *nervo-motrice* (Mathieu). C'est

par celui-ci qu'il convient de commencer l'étude analytique des troubles digestifs qu'on peut observer chez les neurasthéniques.

Le syndrome dyspeptique dont il s'agit ici est véritablement commun chez les sujets atteints d'épuisement nerveux, et, quoi qu'on ait dit, suffisamment caractérisé pour qu'on puisse aisément le reconnaître. Il mérite donc de prendre place parmi les symptômes cardinaux ou stigmates de la neurasthénie. M. Bouveret a décrit avec raison deux degrés, deux formes de l'atonie gastro-intestinale neurasthénique, la forme légère et la forme grave. Et cette distinction nous semble parfaitement justifiée par l'observation clinique.

Forme légère. — Dans sa forme légère la dyspepsie atonique n'altère pas d'une manière sensible la nutrition générale des malades. — Malgré les troubles digestifs dont il souffre, le neurasthénique conserve ses forces et son embonpoint; il ne maigrit pas, mais il digère mal. L'appétit est généralement conservé. Il se montre seulement inégal, capricieux, et il est à remarquer que ses variations se règlent bien plutôt sur le moral du patient, sur sa disposition d'esprit, que sur l'état de ses voies digestives. L'appétit se maintient lorsque la dépression cérébrale est faible ou nulle, et diminue lorsqu'il est sous le coup de quelque idée triste, de quelque émotion pénible. L'anorexie persistante est une exception.

Il arrive parfois que les malaises débutent immédiatement après l'ingestion des aliments. Et cette apparition précoce des troubles dyspeptiques avait conduit M. Leube à les expliquer par l'irritation anormale, mais toute mécanique, produite par les aliments sur les terminaisons des nerfs sensitifs de l'estomac. Mais dans la majorité des cas les troubles fonctionnels n'apparaissent qu'une demi-heure et même une heure après les repas. On observe même assez fréquemment que le malade éprouve aussitôt après qu'il a bu et mangé une sensation de bien-être général. Sa céphalée et sa lassitude se dissipent, il se sent plus fort et plus apte au travail. On a attribué cette amélioration passagère à l'absorption des liquides et au relèvement momentané de la tension artérielle qu'elle détermine. Quoi qu'il en soit, la période d'euphorie ne tarde pas à prendre fin, et dès lors apparaissent les signes d'une digestion laborieuse. Le malade accuse à l'épigastre une sensation de pesanteur, de barre ou de gonflement. Il a la tête lourde, les joues chaudes, le visage congestionné. Le malaise se généralise, il éprouve de l'oppression, des palpitations, en même temps qu'un sentiment de torpeur, d'engourdissement. Il est incapable de tout travail intellectuel; la marche, le mouvement l'importunent et il tombe parfois dans un état d'accablement soporeux. Durant l'accès dyspeptique,

l'abdomen se ballonne dans la région épigastrique d'abord ; puis la distension gazeuse s'étend
à la zone intestinale, si bien que beaucoup de
malades sont obligés de desserrer leurs vêtements. Si l'on procède à un examen direct, on
constate par la percussion que la sonorité gastrique dépasse les limites de l'état physiologique.
La dépression brusque de la paroi produit à ce
niveau un bruit de clapotement, mais ce bruit
n'est perceptible que pendant les premières
heures qui suivent le repas ; et ceci indique que
l'estomac est seulement distendu par le météorisme, mais non dilaté.

Pendant que la digestion gastrique se poursuit le malade est encore tourmenté par des éruc-
tations de gaz inodores. Les renvois, les régurgitations acides sont ici exceptionnels. Enfin au
bout de quelques heures, la digestion étant ache-
vée, tout rentre dans l'ordre jusqu'au repas suivant, qui ramène la même théorie de malaises et
de troubles.

La généralisation du météorisme abdominal et
la constispation qui fait rarement défaut chez ces
malades, indiquent que l'atonie neurasthénique
ne frappe pas seulement l'estomac, mais qu'elle
intéresse également l'intestin.

La constipation s'établit souvent dès le début ;
lorsqu'elle est opiniâtre et résiste à la plupart
des purgatifs habituellement employés il arrive

que les malades restent trois, quatre jours
et plus sans aller à la garde-robe. Elle s'accompagne alors de météorisme, de sensations de
poids ou de tension dans certaines parties de
l'abdomen. En pareil cas, elle devient pour les
neurasthéniques le sujet de préoccupations hypocondriaques constantes ; enfin elle peut à la
longue se compliquer d'*entérocolite pseudo-mem-
braneuse*. La motilité de l'estomac n'est pas sérieusement compromise dans cette forme légère de
l'atonie; les signes de la dilatation proprement
dite font défaut; on ne produit pas le bruit de
clapotement par la succussion gastrique, lorsque
le sujet est à jeun, et si on introduit la sonde six
ou sept heures après le repas, on constate que
le contenu stomacal a été évacué en temps
opportun, mais à la longue la résistance de la
paroi gastrique finit par être vaincue.

Souvent le premier degré de la dyspepsie atonique n'est que la première étape d'un processus
qui aboutit à la forme suivante.

Forme grave. — Dans le second degré de
l'atonie gastro-intestinale on retrouve, mais plus
développés, plus intenses, les mêmes troubles qui
figurent au tableau clinique de la forme légère.
La crise dyspeptique qui suit les repas se déroule
avec le même cortège de symptômes. Ce qui
caractérise avant tout cette deuxième forme,
c'est qu'elle porte une atteinte sérieuse à la nutri-

tion. Le patient maigrit, s'anémie et perd ses forces ; cet amaigrissement est d'autant plus remarquable que la quantité d'aliments ingérés est souvent assez forte et qu'elle suffirait assurément à l'entretien d'un homme en bonne santé. Il se produit le plus souvent d'une manière rapide. En quelques mois le sujet subit une réduction de poids de 10, 15 kilos et quelquefois plus. Dans les cas sévères, surtout lorsque l'épuisement nerveux a été provoqué par une émotion subite et violente et s'accompagne d'une dépression morale intense, la maigreur est quelquefois extrème ; la peau devient sèche et terreuse ; le facies s'émacie et l'aspect du sujet est celui d'un cancéreux arrivé à la période cachectique ; et de fait, il arrive fréquemment que ces malades sont considérés comme atteints de cancer gastrique. Un autre caractère remarquable de la forme grave de l'atonie gastro-intestinale neurasthénique, c'est sa ténacité, sa longue durée, sa résistance aux traitements ordinairement dirigés contre les états dyspeptiques ; il en est ainsi surtout chez les neurasthéniques avancés en âge. Chez les jeunes gens doués d'une vitalité plus grande, on obtient parfois une amélioration notable de l'état général, mais les récidives sont fréquentes et la guérison, lorsqu'elle se produit, ne s'obtient que par un progrès lent et discontinu.

La motilité de l'estomac est ici plus sérieusement atteinte et il n'est pas rare que sept heures
après un repas ordinaire l'estomac contienne
encore des aliments. La dilatation toutefois peut
faire défaut dans les formes les plus sévères, et
dans la plupart des cas elle n'est nullement appréciable qu'après plusieurs années d'état dyspeptique.

2. *Troubles de la sécrétion gastrique. Chimisme
stomacal.* — L'analyse du suc gastrique doit toujours être pratiquée chez les neurasthéniques
atteints de dyspepsie. Or les cliniciens qui ont
étudié les caractères de la sécrétion gastrique
chez les malades affectés d'épuisement nerveux
sont arrivés à des résultats dissemblables. Nous
devons ici rappeler brièvement les conclusions essentielles auxquelles leurs recherches ont abouti.

Dans l'atonie gastro-intestinale des neurasthéniques, M. Bouveret constate que la sécrétion
stomacale a subi des modifications qualitatives
importantes. D'après lui le fait capital, ou du
moins celui que l'on peut le mieux apprécier jusqu'à présent, c'est la diminution ou même la disparition totale de l'acide chlorhydrique libre dans
le liquide gastrique à tous les moments de la
digestion. « Il est même plus ordinaire, écrit-il,
de constater l'absence complète que la simple
diminution chez les malades qui sont de vrais
neurasthéniques. » Il ajoute que cette anachlor-

hydrie est un caractère précoce puisqu'il apparaît avec le premier degré de l'atonie gastro-intestinale ; qu'enfin elle se montre tenace, rebelle au traitement. L'*hypochlorhydrie* et l'*anachlorhydrie* doivent donc, suivant cet auteur, être considérées comme un élément important de la dyspepsie atonique.

M. Bouveret remarque cependant que les malades qui présentent la forme légère de cette dyspepsie ne maigrissent que peu ou point, malgré la perturbation réelle du chimisme gastrique et il suppose ou bien que les sécrétions intestinales et pancréatiques suppléent à l'insuffisance du suc stomacal ou bien que l'acide chlorhydrique existe dans ce liquide, mais en proportion si faible qu'à peine produit il est masqué soit par les albuminoïdes des aliments, soit par les peptones. La peptonisation dans l'estomac serait, dans ce dernier cas seulement, ralentie mais encore possible.

Quant à la proportion de pepsine contenue dans le suc gastrique elle serait sensiblement égale au taux normal. Enfin l'acidité totale due aux acides organiques et à l'acide chlorhydrique combiné serait un peu supérieure à la moyenne physiologique. Dans les formes graves de l'atonie neurasthénique elle témoignerait, ainsi que le développement des gaz qui se produit dans la cavité stomacale pendant la digestion, de l'existence de fermentations anormales de la bouillie alimentaire, ces fermentations étant elles-mêmes imputables à l'affaiblissement du pouvoir antiseptique du suc gastrique dépourvu d'acide chlorhydrique libre.

M. Bouveret n'a constaté l'hyperchlorhydrie et l'hypersécrétion que dans un très petit nombre de cas ; il estime qu'il s'agit alors d'une association fortuite et que les faits de ce genre doivent être distraits du cadre de la dyspepsie nerveuse atonique proprement dite (Traité des maladies de l'estomac, 1893).

Les recherches de M. Mathieu l'ont conduit à des résultats sensiblement différents de ceux qui précèdent.

Dans les cas qui répondent à la forme légère de la dyspepsie nervo-motrice ou atonie gastro-intestinale du premier degré, cet auteur constate assez fréquemment que la digestion s'est faite dans des conditions chimiques à peu près normales, qu'il y a de l'acide chlorhydrique libre, mais en proportion un peu moindre qu'à l'état physiologique, que la pepsine est produite encore dans des proportions qui ne paraissent pas s'éloigner beaucoup des proportions régulières, autant du moins qu'on en peut juger par les digestions artificielles faites à l'aide du suc gastrique filtré ; qu'enfin la quantité des acides organiques de fermentation n'est pas sensiblement accrue.

Par contre, dans les cas graves, M. Mathieu

remarque qu'il y a souvent diminution marquée de la sécrétion chlorhydrique, l'acide chlorhydrique étant nul et l'acide combiné en petite quantité; que l'acidité totale est tantôt normale ou supérieure à la normale suivant que la stase et les fermentations font défaut ou que ces deux conditions connexes existent à un degré notable. M. Mathieu constate en outre que l'hyperchlorhydrie peut s'observer chez les neurasthéniques et qu'elle y est assurément moins exceptionnelle que ne le croit M. Bouveret.

M. Herzog [1] a publié plus récemment sur ce sujet un travail important. Dans 14 cas de dyspepsie nerveuse observés à la clinique de M. Leyden, l'auteur a trouvé que la motilité était affaiblie 9 fois et normale 5 fois. Des 9 malades dont la motilité gastrique était affaiblie, 3 avaient une acidité normale, 1 une acidité faible et 5 présentaient de l'hyperacidité ou hyperchlorhydrie. Parmi les 5 malades avec motilité intacte il y avait 1 cas d'acidité normale et 4 cas d'hyperacidité. D'après cet auteur, le trouble des fonctions gastriques consisterait donc le plus souvent en un affaiblissement de la motilité avec exagération de la sécrétion et hyperacidité.

Les recherches de M. Leyden [2], de M. Stiller [3]

---

1. Herzog, *Zeitschrift f. Klin. Med.*, Bd: XVIII, 1890.
2. Leyden, *Berliner Klin. Wochenschr.*, 1885.
3. Stiller, *Die nervose Magen Krankhe*, 1884.

avaient déjà montré que, contrairement à l'opinion
de M. Leube, la dyspepsie nerveuse peut provoquer des troubles graves de la sécrétion et de la
motilité.

Malgré les divergences d'opinion qui séparent
ces divers auteurs, il ressort clairement de l'ensemble de leurs observations que, dans la pratique, il faut s'attendre à rencontrer, dans le
groupe des neurasthéniques :

1° Des états dyspeptiques qui répondent à la
forme légère ou grave de l'atonie gastro-intestinale
et dans lesquels la sécrétion chlorhydrique est
ou normale ou sensiblement diminuée. Dans ces
mêmes états dyspeptiques, la motilité est fréquemment intéressée, mais elle ne l'est le plus souvent
qu'à un faible degré et il est rare que ces formes
aboutissent à la stase avec grande dilatation permanente telle que l'a décrite M. Bouchard.

Ce sont là les formes les plus fréquemment
observées chez les sujets atteints d'épuisement
nerveux.

2° Des états dyspeptiques où dominent l'hyperchlorhydrie et l'hypersécrétion. Or la sécrétion
exagérée de l'acide chlorhydrique peut, on le sait,
se présenter sous trois aspects principaux : a.
l'hyperchlorhydrie simple, qui n'est que l'exagération de l'acidité chlorhydrique au moment de la
digestion ; b. l'hypersécrétion hyperchlorhydrique
permanente continue ; c. les crises intermittentes

d'hypersécrétion chlorhydrique. Ces deux dernières modalités constituent les deux formes de la maladie de Reichmann. Rappelons brièvement les caractères cliniques propres à chacun de ces types de dyspepsie.

Hyperchlorhydrie simple. — L'état général est satisfaisant. L'appétit est généralement conservé et quelquefois même exagéré. Les repas provoquent l'apparition des crises gastralgiques qui apparaissent, non pas immédiatement après l'ingestion des aliments, mais au bout de deux, trois ou quatre heures, c'est là le trait caractéristique de cette forme d'hyperchlorhydrie.

L'accès débute ordinairement par une sensation de chaleur, de brulûre, localisée à l'épigastre. Puis viennent des renvois aigres, acides, qui impressionnent péniblement la muqueuse de l'œsophage et produisent cette douleur rétro-sternale particulière qui est le pyrosis. Tout peut se borner à cela, mais à ces premiers malaises vient parfois s'ajouter un état de sécheresse de la muqueuse buccale accompagné de soif vive. Bientôt le malade accuse des sensations plus pénibles, des douleurs lancinantes, mais plus souvent constrictives, « des crampes » qui s'irradient vers les hypocondres, derrière le thorax, dans les derniers espaces intercostaux. Il ne se produit pas de vomissement.

La crise plus ou moins douloureuse a une durée

variable; elle n'a pas lieu fatalement après chaque
repas et c'est après le repas de midi qu'elle se
montre ordinairement et qu'elle est le plus accentuée. La plupart des malades n'ont qu'un seul
accès, celui de l'après-midi. Un autre caractère
important de la crise douloureuse, c'est qu'elle se
calme ou même disparaît après l'ingestion d'un
aliment riche en substance albuminoïde, tel que le
lait, le blanc d'œuf.

Cette dyspepsie acide s'observe plus particulièrement chez les neurasthéniques héréditaires, chez
les descendants de goutteux et qui ont présenté
eux-mêmes des accidents de nature manifeste-
ment arthritique; ces malades sont capables d'une
certaine activité physique et ils n'appartiennent
pas généralement à la catégorie des neurasthéniques à dépression cérébrale accentuée.

*Forme intermittente de l'hypersécrétion chlor-
hydrique.* — La forme intermittente de la maladie
de Reichmann se rencontre très exceptionnellement chez les neurasthéniques. Elle ne se montre
guère qu'à titre d'épisode passager et sous
l'influence immédiate de vives préoccupations
morales, d'émotions intenses à caractère dépressif.
Elle vient ainsi compliquer momentanément
l'hyperchlorhydrie simple. Ses caractères essentiels sont les suivants : les accès sont plus ou
moins fréquents, séparés par des intervalles dont
la durée varie de quelques jours à plusieurs mois.

Ils se prolongent durant un ou deux jours, quelquefois plus. La crise débute ordinairement le matin avant le premier repas ; le malade éprouve un sentiment de brûlure à l'épigastre ; il a des nausées et vomit quelques gorgées d'un liquide acide incolore, ou grisâtre, ou légèrement teinté par la bile, qui contient de la pepsine et de l'acide chlorhydrique et digère activement in vitro un fragment d'œuf cuit. — Les vomissements de liquide gastrique se répètent d'abord abondants, puis moins copieux suivant le degré de l'hypersécrétion stomacale, les boissons ingérées les provoquent ; il y a de l'intolérance gastrique, rarement les douleurs sont intenses, mais la soif est vive, l'anorexie absolue. Le ventre est plutôt rétracté que météorisé. Le patient, accablé par les efforts de vomissement, présente un facies pâle, aux traits tirés ; son abattement est extrême pour peu que la crise se prolonge. L'accès cesse brusquement ou d'une manière progressive.

Hypersécrétion continue. — Dans cette forme particulièrement grave les périodes de complète accalmie font tout à fait défaut. Elle succède assez souvent à l'une des formes précédentes de l'hyperchlorhydrie. Il s'agit d'un malade qui souffre de l'estomac depuis plusieurs années et dont les troubles dyspeptiques ont souvent précédé l'apparition des premiers symptômes de l'épuisement nerveux. Interrompus, tout d'abord, par des phases d'amélioration plus ou moins longues, les troubles digestifs sont devenus permanents, les forces du patient ont décliné, il s'est amaigri et, lorsque la maladie est arrivée à sa période d'état, l'aspect du patient est tout à fait analogue à celui d'un malade atteint d'un cancer à l'estomac.

L'appétit est conservé, mais le malade mange peu afin de ne pas exaspérer ses douleurs; dans la matinée il ne souffre pas, mais trois ou quatre heures après le repas de midi éclate la première crise douloureuse, accompagnée de renvois et de régurgitations acides. Cette crise se prolonge pendant une heure ou deux, jusqu'à ce qu'un vomissement de liquide stomacal acide vienne en marquer le terme. Un second accès semblable au premier et souvent plus violent se produit après le repas du soir vers le milieu de la nuit. Le liquide vomi est en majeure partie composé de suc gastrique : il contient de la pepsine et de l'acide chlorhydrique. Cette hypersécrétion permanente s'accompagne de stase des aliments et de dilatation permanente de l'estomac. L'exploration à la sonde permet de constater en effet que, le matin à jeun, l'estomac contient encore en abondance des débris alimentaires, le liquide extrait après un repas d'épreuve présente une proportion exagérée d'acide chlorhydrique libre.

Tels sont les différents états dyspeptiques que l'on peut rencontrer chez les malades atteints d'épuisement nerveux. Faut-il considérer toutes ces formes de dyspepsie comme appartenant réellement à la neurasthénie, comme dérivant du trouble intime des centres nerveux qui régit les manifestations de cette névrose? Faut-il penser, comme quelques auteurs l'admettent, que la neurasthénie elle-même a souvent son origine, sa cause première dans l'état pathologique de l'estomac? C'est une question que nous discuterons ultérieurement au chapitre de la Pathogénie. Ce que nous voulons retenir pour le moment de cet exposé rapide des modalités que peuvent revêtir les troubles digestifs des neurasthéniques, c'est leur diversité même et, partant, la nécessité qui s'impose au clinicien mis en présence d'un neurasthénique qui souffre de dyspepsie, de préciser avec soin les caractères de cette dyspepsie, s'il veut être en mesure de réglementer judicieusement l'hygiène alimentaire du sujet.

f. Dépression cérébrale (état mental). — Maladie générale des centres nerveux, la neurasthénie ne trouble pas seulement les fonctions somatiques; elle trouble aussi les *psychiques*. Quelle que soit la forme clinique qu'elle revête, elle s'accompagne toujours d'un *état mental* particulier, qui est même un élément symptomatique de premier ordre. Il domine souvent le tableau clinique et tient sous sa dépendance une foule de manifestations qui semblent au premier abord lui être tout à fait étrangères. Nous ne saurions présenter ici une étude méthodique et complète des accidents mentaux de la neurasthénie; nous en indiquerons seulement les traits principaux et nous montrerons le parti qu'on en peut tirer au point de vue du traitement moral qui convient à cette catégorie de sujets.

Ces troubles mentaux peuvent être rangés en deux groupes comprenant : l'un les modifications psychiques stables, permanentes qui constituent le fonds même de l'état psychique des malades; l'autre les troubles passagers, épisodiques, qui ne sont en quelque sorte que des accidents éventuels.

D'une manière générale il s'agit d'un amoindrissement conscient de la personnalité, d'une impuissance plus ou moins prononcée de toutes les facultés auxquels s'ajoutent accidentellement des idées fixes et des obsessions.

L'*aboulie*, autrement dit l'affaissement de la volonté, est un des traits les plus communs de l'état mental des neurasthéniques. Les conséquences de ce trouble psychique sont nombreuses : dans la sphère intellectuelle il entraîne la perte ou la diminution du pouvoir d'*attention*; les malades sont habituellement incapables de méditer un sujet, de coordonner leurs idées avec précision et d'en diriger le cours. Leur pensée s'accroche à des points secondaires, à des détails futiles, il leur arrive de lire des pages entières sans avoir compris ce qu'ils ont lu. Lorsqu'ils se sont livrés, durant quelques instants, à un travail intellectuel un peu compliqué, ils sont tout à coup obnubilés; leur faible pouvoir d'attention s'éclipse comme soudainement épuisé. C'est ainsi qu'on les voit s'interrompre brusquement au cours d'une conversation et déclarer qu'ils ne savent plus ce qu'ils veulent dire, que leur tête est comme vide et sans pensée. La déchéance de leur volonté se traduit encore par des doutes, des hésitations interminables. Rien ne leur est plus pénible que de prendre une décision; souvent c'est de l'affaiblissement de la volonté que dépend l'asthénie motrice, plus encore que d'une débilité particulière des muscles.

La *mémoire* est également amoindrie chez ces malades. L'évocation des souvenirs est défectueuse parce qu'ils sont impuissants à soutenir l'effort d'attention nécessité par la recherche du souvenir perdu; parce que la plupart des événements survenus postérieurement au début de leur maladie sont perçus par eux faiblement et partant mal rattachés à leur personnalité consciente. Souvent obsédés par quelque idée fixe, quelque préoccupation hypocondriaque, ils vivent pour ainsi dire en état de *distraction* perpétuelle : c'est

là une des causes qui les font percevoir d'une
manière vague et incertaine les événements dont
ils sont témoins. Aussi sont-ils incapables de les
retrouver dans leur mémoire alors même qu'ils
sont encore récents. Leurs oublis sont donc fréquents ; ils portent sur les sujets les plus divers :
l'amnésie des neurasthéniques est en effet indiffé-
rente. Leur émotivité est extrème, tout les
impressionne et chaque émotion leur est particulièrement pénible parce qu'ils perçoivent plus vivement les sensations diverses que déterminent dans
les différents appareils (cœur, respiration, intestin, etc.) tous les états émotionnels. C'est pourquoi on les voit éviter avec soin tout ce qui peut
être pour eux une cause d'émoi. Ils sont timides,
craintifs, ont perdu la confiance en eux-mêmes.
La présence d'une personne étrangère à leur
entourage habituel suffit à les décontenancer ;
aborder quelqu'un, lier conversation est une
complication que beaucoup redoutent. Ils négli-
gent leurs relations, recherchent volontiers la
solitude et se déclarent incapables de diriger
leurs affaires.

Les malades ont parfaitement conscience de
leur infériorité morale. Les plus courageux s'en
plaignent amèrement, et déplorent, sans pouvoir en
triompher, les défaillances de leur volonté, de leur
mémoire, de leurs facultés intellectuelles. Ils
s'essayent à des occupations, à des sujets d'étude

qui leur paraissent propres à exciter leur intérêt,
à réveiller leur activité; mais l'attrait de la nou-
veauté est pour eux éphémère. Ils se fatiguent
vite, se dégoûtent de leur entreprise et l'abandonnent bientôt pour passer à d'autres sujets.

Il résulte de cet affaiblissement de la personnalité, de ce relâchement des liens qui assurent la
synthèse du *moi*, que ces malades sont impuissants
à résister à l'envahissement de certaines idées
qui s'imposent à leur esprit et momentanément y
règnent sans partage. Ils sont suggestionnables et,
par conséquent, soumis à toutes sortes de craintes,
d'obsessions qui leur viennent tantôt d'eux-mêmes
et tantôt du milieu dans lequel ils se trouvent
placés. Leur cénesthésie toujours troublée, les
malaises, les troubles digestifs et circulatoires,
la lassitude qui les accable, tout cela s'ajoutant
au sentiment très net de leur impuissance mentale
les entretient en état de tristesse et leur suggère
une foule de préoccupations hypocondriaques.

L'hypocondrie fait rarement défaut chez les
patients frappés d'épuisement nerveux, mais elle
n'a ni la ténacité, ni le caractère d'inconscience,
ni la systématisation de l'hypocondrie vésanique.
Le neurasthénique, qui souffre plus particulièrement de sa rachialgie, se croira atteint d'une
maladie de la moelle épinière; cette idée le tourmente, le bouleverse — mais sa conviction n'est
pas solidement établie; il ne demande qu'à être

rassuré et quelques paroles autorisées suffiront à le délivrer de sa crainte. Ce même malade pourra aussi, à quelques jours d'intervalle, se croire atteint d'une maladie du cœur ou de l'estomac, mais ses croyances erronées ne présenteront jamais les caractères d'une idée fixe, d'un délire systématique. Cependant les idées de nature hypocondriaque qu'un symptôme déterminé peut faire germer dans l'esprit de ces malades n'ont pas toujours cette mobilité. Il en est qui s'installent pour ainsi dire à demeure et dont la persistance entraîne parfois de graves inconvénients. Nous avons vu que certaines femmes neurasthéniques, sans être en aucune façon paralysées, se croyaient complètement incapables de marcher et de se tenir debout et finissaient par ne plus quitter le lit, se condamnant ainsi pendant des années entières à une déplorable immobilité. C'est encore à la faveur de leur affaiblissement mental, de leur suggestibilité que l'on voit se développer, chez beaucoup de neurasthéniques, ces obsessions intermittentes, ces peurs systématiques, ces phobies, ces états d'anxiété passagère qui les impressionnent si vivement : l'agoraphobie, la claustrophobie ou peur des espaces étroits et clos, l'anthropophobie ou peur des foules, des réunions d'hommes, la stasophobie (Bouveret), peur de la station verticale, etc., en sont les modalités les plus communes. Tous ces états d'anxiété présentent des caractères identiques : chaque fois que le patient se trouve placé dans les circonstances aptes à les provoquer, l'angoisse émotionnelle se produit avec une force d'automatisme irrésistible.

La suggestibilité des neurasthéniques explique encore l'influence qu'exerce sur leur état mental le milieu dans lequel ils vivent. Rien n'est plus propre à fomenter ou à entretenir chez ces malades la dépression morale et les préoccupations hypocondriaques que les soins assidus, les questions incessamment renouvelées sûr leur état de santé et les recommandations que leur prodiguent les personnes de leur entourage.

On comprend par là quel doit être le traitement moral qui convient à ces malades et l'action bienfaisante qu'on est en droit d'en attendre. Ces neurasthéniques ne sont pas hypnotisables, mais ils sont néanmoins suggestionnables; c'est donc par des encouragements habiles, par une action suggestive réconfortante et soutenue que le médecin, lorsqu'il a su vis-à-vis d'eux garder son autorité et retenir leur confiance, pourra lutter avec avantage contre leur dépression cérébrale et aider ainsi puissamment à leur guérison.

CHAPITRE III

Symptômes secondaires.

A côté des symptômes cardinaux ou stigmates
de la neurasthénie que nous venons de passer en
revue, on observe dans la plupart des cas des
troubles fonctionnels d'ordre secondaire; ils constituent en quelque sorte les petits symptômes de
la névrose, mais il arrive parfois que quelques-
uns d'entre eux prennent un développement inso-
lite et impriment à la maladie une physionomie
clinique particulière.

a. Vertige. — Le vertige est un accident fréquent chez les neurasthéniques. Il se montre
généralement sous forme d'accès de courte durée.
Comme il coïncide très souvent avec des troubles
digestifs, beaucoup de cliniciens ont pensé qu'il
était toujours d'origine gastrique. C'est là sans
doute une interprétation erronée contre laquelle
Beard et Charcot se sont élevés avec raison. Il est
certain, en effet, que les accès de vertige se mon-

6

trent parfois particulièrement intenses chez des neurasthéniques qui ne présentent aucun trouble des fonctions digestives; en second lieu on a fait remarquer que les gastropathies organiques les plus graves ne se compliquent guère de phénomènes vertigineux. Il semble donc très vraisemblable que la plupart des vertiges qui apparaissent chez les neurasthéniques reconnaissent une origine centrale et dépendent directement du trouble des centres nerveux.

Ces vertiges se produisent tantôt à jeun, tantôt après le repas; c'est au milieu des malaises de la crise dyspeptique que le symptôme se manifeste plus particulièrement. L'intensité de l'accès est extrêmement variable : parfois tout se borne à une rapide sensation de déséquilibre, de déplacement du sol, mais l'accès peut se montrer plus violent : le malade se sent comme poussé en divers sens, il lui semble que le sol s'élève et s'abaisse alternativement sous lui, il titube, comme un homme ivre, et doit se cramponner aux objets environnants pour éviter la chute. Les caractères de la crise vertigineuse sont quelquefois identiques à ceux qu'on observe dans le vertige de Ménière; dans ce cas le patient perçoit un bourdonnement ou un sifflement aigu au début de l'accès, puis il a la sensation de la culbute, de la précipitation dans un gouffre, mais l'impulsion ressentie n'est jamais aussi violente que dans le syndrome de Ménière et ne va pas jusqu'à précipiter le malade à terre. Sous cette forme le vertige neurasthénique s'accompagne fréquemment de nausées et de vomissements, il se dissipe après quelques minutes de durée, mais il laisse le malade dans un état d'accablement et d'émoi très pénible. Ce vertige rotatoire s'observe rarement.

Dans certains cas enfin, rares il est vrai, le vertige neurasthénique se montre à peu près continu. Le tableau clinique est alors très analogue à celui que présentent les malades affectés de vertige cérébelleux.

b. Troubles de la motilité. — Nous avons déjà décrit, en étudiant les stigmates de la névrose, l'affaiblissement du système neuro-musculaire ; on peut encore observer chez les neurasthéniques un certain nombre de troubles intéressant la motilité, ce sont des crampes musculaires, des contractions fibrillaires semblables à celles que l'on voit chez les sujets atteints d'atrophie musculaire progressive d'origine spinale, des contractures fonctionnelles telles que la crampe des écrivains.

Le *tremblement* a été signalé dans l'épuisement nerveux par Beard, et par M. Pitres ; il se localise le plus souvent aux membres supérieurs : c'est un tremblement menu, à oscillations brèves, rapides, comparables au tremblement de la maladie de Basedow.

Paralysies. — Peut-on observer de véritables paralysies motrices dans le cours de la neurasthénie ? Nous croyons, avec M. Ziemssen notamment, que ces paralysies ne font pas partie du tableau clinique de la neurasthénie pure. Cependant Beard a observé des crises de paralysie ou de parésie chez quelques-uns de ses malades. M. Bouveret a constaté des paralysies incomplètes, de très courte durée, localisées soit à un membre, soit aux deux membres inférieurs, et « procédant par accès de quelques minutes seulement ». Nous n'avons jamais rencontré de faits de cet ordre et nous croyons que l'hystérie intervient le plus souvent dans la plupart de ces cas. Si ces paralysies motrices existent réellement dans la neurasthénie pure, elles sont assurément d'une extrême rareté.

c. Troubles de la sensibilité générale. — Les perversions de la sensibilité générale sont communes chez les neurasthéniques et la plus fréquente de toutes est à coup sûr l'*hyperesthésie*. Nous avons déjà mentionné la céphalée, la sensibilité douloureuse du cuir chevelu, la rachialgie et ses diverses formes. Ce sont là, en effet, les localisations les plus habituelles de l'hyperesthésie ; mais, à vrai dire, ce trouble sensitif peut affecter toutes les parties. Des zones hyperesthésiques, des douleurs même à type névralgique, des pico-

tements, des élancements rappelant les fulgura-
tions de l'ataxie, des sensations de brûlure se
montrent et disparaissent tour à tour dans la
continuité des membres, au thorax, à l'abdomen
(*névralgie générale* de Valleix).

Quelquefois l'état morbide de la sensibilité
générale se traduit par une sensibilité exquise,
à la chaleur, au froid surtout. Beaucoup de
malades se plaignent constamment d'avoir froid;
ils se surchargent de vêtements même durant la
saison chaude. Ils sont, du reste, très impressionnés par les influences extérieures, les changements
atmosphériques, le vent, l'humidité, l'orage. On a
pu dire avec raison de certains d'entre eux qu'ils
étaient de véritables baromètres vivants.

Les troubles de la sensibilité se manifestent
encore sous forme de *paresthésies*. Les malades
éprouvent fréquemment des sensations d'engourdissement des membres, il leur semble que tel
ou tel segment de membre est « comme mort »,
ou « en bois », ou « d'une légèreté étrange », ou
bien encore d'une lourdeur de plomb. Peut-être
l'asthénie neuro-musculaire n'est-elle chez quelques patients que la conséquence d'une sensation
de fatigue permanente ou, si l'on veut, d'une
dysesthésie particulière des appareils locomo-
teurs? L'*anesthésie* proprement dite n'existe pas
dans les états neurasthéniques purs, autrement
dit sans mélange d'hystérie. Si l'on explore mé-

thodiquement les régions où siègent les diverses perversions de la sensibilité que nous venons d'indiquer, on n'y constate jamais d'anesthésie.

Mais il y a, chez les neurasthéniques, indépendamment des troubles de la sensibilité superficielle qui intéressent les téguments, des perversions de la sensibilité des organes profonds imprécises, mal définies, mais qui n'en sont pas moins très réelles et très importantes. Les individus qui vivent en parfait état de santé ne perçoivent aucunement le jeu régulier de leurs organes; il n'en est pas de même des neurasthéniques qui sont constamment impressionnés par les sensations internes les plus diverses. Les mouvements du cœur et des artères, le travail de la digestion, la locomotion, le travail intellectuel, le jeu si complexe des états émotionnels, toutes les fonctions de la vie organique et de la vie de relation font naître en eux des impressions vagues, changeantes, mais pénibles. Leur *cénesthésie* est donc profondément troublée. Ils se sentent tout drôles, tout changés. — De là ce malaise indéfinissable dont se plaignent la plupart de ces malades; de là aussi sans doute, ainsi que nous le verrons en étudiant leur état mental, le penchant à l'hypocondrie et à la tristesse.

d. Troubles circulatoires. — On observe chez tous les neurasthéniques des troubles circulatoires, qui intéressent tantôt le cœur et tantôt les vaisseaux périphériques. Les désordres de l'innervation cardiaque s'affirment parfois avec une telle intensité qu'ils masquent en quelque sorte tous les autres symptômes de l'épuisement nerveux. Ce sont les faits de cet ordre qui ont conduit quelques auteurs à décrire une *forme cardiaque* de la neurasthénie. — Pour être moins bruyants, les troubles de la circulation périphérique n'en sont pas moins très fréquents et très réels. C'est en effet aux alternatives de spasme et de dilatation des artères et des veines que sont dues les anémies, les congestions passagères de la peau et des muqueuses qu'on observe communément chez ces malades ; aussi quelques auteurs ont-ils pensé qu'il était possible d'expliquer par le seul trouble de l'innervation vaso-motrice les différents symptômes qui figurent au tableau clinique de la neurasthénie. Nous reviendrons ultérieurement sur cette théorie vaso-motrice de l'épuisement nerveux proposée par Anjel.

Troubles de l'appareil cardiaque. — Palpitations. — C'est là le trouble de l'innervation cardiaque. Les palpitations des neurasthéniques se produisent par accès, de durée et d'intensité variables. Ces accès n'ont pas de gravité ; mais leurs retours sont fréquents ; ils reparaissent sous l'influence des causes les plus diverses et souvent les plus futiles : une émotion légère, un effort physique même modéré, le travail de la digestion, suffisent à les provoquer. Ces palpitations et les sensations pénibles dont elles s'accompagnent impressionnent les malades qui ne tardent pas à se croire atteints de quelque grave lésion du cœur.

Tachycardie. — Le trouble de l'innervation cardiaque peut être plus profond, plus stable et se manifester sous la forme d'une accélération permanente du rythme du cœur. Cette tachycardie des neurasthéniques est tout à fait semblable à celle qu'on observe dans la maladie de Basedow : le nombre des pulsations peut s'élever à 120, 130 et même plus ; les battements du cœur paraissent énergiques ; le malade les perçoit nettement et la main de l'observateur, placée sur la région précordiale, est vivement impressionnée à chaque pulsation. Les carotides sont animées de battements exagérés, mais le pouls radial est, par contre, petit et faible. Il est le plus souvent régulier. Cependant on observe dans certains cas que les pulsations sont inégales et irrégulièrement rythmées. Mais l'arythmie n'a pas ici la signification fâcheuse qu'elle présente dans les maladies organiques du cœur. Cette tachycardie permanente peut durer pendant de longs mois ; elle passe successivement par des phases d'aggravation et d'accalmie, mais elle finit par disparaître soit spontanément, soit sous l'influence du traite-

ment général dirigé contre l'état neurasthénique
M . Bouveret admet cependant que la tachycardie dont il s'agit ici peut se présenter sous
une forme grave aboutissant à l'affaiblissement
du myocarde, à la dilatation des cavités du cœur
et à la mort par asystolie. L'existence de cette
forme repose encore sur un trop petit nombre de
faits pour être admise sans conteste. Elle est en
tout cas d'une extrême rareté.

La tachycardie neurasthénique s'observe habituellement dans les cas d'épuisement nerveux où
la dépression cérébrale est profonde, où des
troubles digestifs intenses ou persistants ont
entraîné l'affaiblissement général et l'amaigrissement des sujets.

Ralentissement des mouvements du cœur. — Les
neurasthéniques peuvent présenter encore d'autres troubles des fonctions du cœur. On a noté le
ralentissement du pouls : le nombre des pulsations
peut tomber à cinquante par minute. Ce ralentissement du rythme cardiaque s'accompagne parfois
d'arythmie; en pareil cas le pouls est généralement petit et dépressible. Cet état de ralentissement persistant avec dépression de la tension
artérielle succède le plus souvent à des périodes
d'excitation cardiaque; il est rarement primitif et
il suffit le plus souvent d'une excitation quelque
peu intense, d'une émotion pour que la lenteur
habituelle du pouls cesse et que les battements du

cœur s'accélèrent momentanément. On retrouve
donc dans l'état des fonctions cardiaques ce caractère de faiblesse et d'irritabilité qui est le propre
des troubles fonctionnels de nature neurasthénique.

Angine de poitrine. — Ce syndrome inquiétant
apparaît quelquefois chez les neurasthéniques.
Mais l'angor pectoris de la neurasthénie appartient comme celle des hystériques au groupe des
angines bénignes. Elle n'en est pas moins, pour
les sujets qui en sont atteints, une source de terreurs et d'anxiétés; elle est particulièrement apte
à les jeter dans un état d'abattement et de dépression extrêmes. Elle revêt presque toujours la forme
vaso-motrice.

Le malade éprouve tout à coup dans la région
précordiale une sorte de saisissement, de constriction qui devient vite extrêmement douloureuse et
s'irradie aussitôt dans l'épaule et le bras gauches,
quelquefois même dans le membre inférieur du
même côté. Le malade est en proie à une angoisse,
à une terreur indicible. Sa respiration est courte et
accélérée; sa face est pâle, livide; ses extrémités
sont également pâles, froides et comme exsan-
gues. Le pouls est petit, faible, les battements du
cœur presque insensibles. Il est vraisemblable
que cette phase de l'accès correspond à un état
de spasme des artères périphériques et peut-être
des artères du cœur.

Après une durée souvent assez longue (quelques minutes, un quart d'heure en moyenne), la crise se termine par un changement évident dans l'état de la circulation. La face devient rouge et chaude; l'énergie des battements cardiaques s'accroit, leur rythme se précipite, puis se ralentit, et tout rentre dans l'ordre.

Troubles de la circulation périphérique. — Le trouble de l'innervation des artères et des veines se manifeste par des alternatives de resserrement et de dilatation de ces vaisseaux. Ces changements se produisent avec plus ou moins de brusquerie; ils sont tantôt passagers et tantôt persistants. L'irritabilité vaso-constrictive s'accuse par la pâleur et le refroidissement des segments, la petitesse du pouls. Ces modifications se localisent habituellement aux extrémités des membres, à la face. Ils apparaissent et se dissipent sous l'influence de causes multiples, d'une émotion, de l'anxiété, d'une impression de froid. Lorsque le spasme vasculaire est généralisé et subit il peut donner lieu à un frisson intense et prolongé accompagné de tremblement et d'un abaissement considérable de la température périphérique. L'aspect du malade est alors tout à fait semblable à celui d'un paludique en proie au frisson initial de l'accès. Ces crises vaso-motrices, par leur intensité, leurs retours quelquefois réguliers, ont pu parfois donner le change et faire croire, en l'absence de tout contrôle direct, à l'existence de véritables accès fébriles.

Les phénomènes de *vaso-dilatation* ne sont pas moins communs. Ils alternent d'ailleurs fréquemment avec les états de resserrement des vaisseaux. Sous l'influence d'excitations minimes on voit apparaître, chez la plupart des neurasthéniques, des rougeurs disposées en nappes ou bien en plaques plus ou moins étendues au visage, à la poitrine ou aux extrémités. Ce trouble vaso-moteur peut aller jusqu'à produire des infiltrations œdémateuses, mobiles et fugaces, le plus souvent symétriques et localisées à l'extrémité des membres inférieurs.

On s'est demandé, et il est probable qu'il en est ainsi, si de pareilles modifications ne se produisent pas également du côté des viscères, provoquant, suivant l'organe atteint, telle ou telle des manifestations observées chez les neurasthéniques, par exemple les poussées de diarrhée quand il s'agit de l'intestin, l'angor pectoris quand il s'agit des artères coronaires, le vertige, la dépression cérébrale et l'insomnie, etc., lorsque les centres encéphaliques sont en jeu.

e. Troubles des organes des sens. — Tous les sens peuvent être intéressés, mais plus particulièrement la vue et l'ouïe.

Vision. — On a signalé des fluxions passagères de la conjonctive accompagnées d'un peu d'œdème des paupières. Mais le principal trouble oculaire consiste en un affaiblissement tout spécial de la vision, nous voulons parler de l'*asthénopie neurasthénique* des auteurs américains. L'œil se fatigue vite. Dès que le malade se livre à la lecture ou à telle autre occupation nécessitant une application soutenue de la vue, il éprouve une sensation de tension douloureuse dans les globes oculaires, bientôt suivie d'une confusion des images visuelles ; cependant les milieux transparents et les membranes de l'œil sont normaux. S'il existe quelque trouble de la réfraction, ce trouble, une fois corrigé à l'aide de verres appropriés, le neurasthénique ne reste pas moins incapable de soutenir un effort de vision un peu prolongé, et il est obligé parfois de restreindre et même de cesser ses occupations professionnelles. Il s'agit vraisemblablement d'un état de faiblesse des muscles de l'accommodation. L'asthénopie neurasthénique est souvent tenace, elle peut procéder par accès de durée plus ou moins longue ou se montrer continue ; elle devient alors une cause de désespoir pour les malades et contribue puissamment à aggraver leur dépression cérébrale.

Le *rétrécissement* du champ visuel a été signalé dans certains cas de neurasthénie pure (Westphal, Charcot, Pitres), mais ce symptôme est tout à fait exceptionnel, toujours transitoire et de très courte durée. Il apparaît surtout au moment des accès de vertige.

Ouïe. — L'appareil auditif peut devenir irritable au même titre que les autres organes des sens. On peut observer, particulièrement chez les femmes, une hyperesthésie auditive véritablement maladive : elles perçoivent les bruits les plus légers ; ceux de la rue et de la maison leur deviennent insupportables et sont pour elles une véritable cause de tourment. Pour les fuir, les malades s'enferment dans leur chambre et se condamnent à une véritable réclusion. Elles entendent les battements de leurs artères au point d'en être incommodées au moment du sommeil.

Des sensations auditives se produisent spontanément en dehors de toute excitation extérieure : les malades se plaignent d'entendre tout à coup des sifflements, des bourdonnements, des bruits brefs éclatant comme une détonation.

Le *goût* et l'*odorat* présentent aussi dans quelques cas des perversions, des susceptibilités particulières.

f. Troubles des organes génito-urinaires. — Lorsque la neurasthénie a pour origine une lésion ou une perturbation fonctionnelle des organes génitaux, elle s'accompagne d'une série de désordres des fonctions sexuelles qui, par leur prédominance sur les autres symptômes, donnent à la maladie une physionomie particulière. Cette forme de neurasthénie sera décrite plus loin sous le nom de *neurasthénie génitale*.

Mais en dehors de cette forme spéciale, dans les cas d'épuisement nerveux procédant de toute autre cause, par exemple d'un choc traumatique, du surmenage intellectuel ou moral, on observe assez fréquemment des troubles génitaux et urinaires d'intensité variable et qui consistent habituellement en ceci : les malades accusent une diminution progressive de l'appétit sexuel qui peut aller jusqu'à l'*impuissance* ; ils sont sujets à des *pollutions nocturnes*. Ces phénomènes peuvent être le point de départ de préoccupations hypocondriaques d'un caractère grave.

En discutant les théories pathogéniques de la neurasthénie, nous exposerons les troubles utéroovariens qu'on peut observer chez les femmes et nous indiquerons la part qui revient à ces symptômes dans le développement de la neurasthénie elle-même.

Du côté des fonctions urinaires on rencontre des troubles variés : beaucoup de malades sont tourmentés par des besoins fréquents d'uriner, d'autres se plaignent d'uriner difficilement. Nous verrons combien est grande l'influence de l'autosuggestion sur l'apparition et la persistance de cette catégorie de troubles.

La polyurie, l'oxalurie, l'albuminurie transitoire ont été signalées dans le cours des états neurasthéniques, mais il s'agit là, suivant toute vraisemblance, de phénomènes morbides contingents, étrangers à la symptomatologie de la névrose.

CHAPITRE IV

Formes.

Les signes de la neurasthénie que nous venons de passer en revue peuvent se grouper de façons diverses, de telle sorte que la physionomie clinique de l'affection envisagée dans son ensemble est variable suivant les cas. L'étude analytique des troubles qui la constituent ne donne pas une idée suffisamment précise de ces différences d'aspect et tous les auteurs, depuis Beard, ont senti la nécessité, pour communiquer à leurs descriptions plus de réalité et de vie, de tracer le tableau des FORMES multiples que la maladie peut revêtir.

Bien que l'étude séméiologique que nous avons esquissée ne soit qu'une simple préface à l'exposé des mesures d'hygiène que comportent la prophylaxie et le traitement de la neurasthésie, nous ne saurions ici nous désintéresser des formes de l'affection, car quelques-unes d'entre elles tout au moins sont passibles d'une thérapeutique spéciale et d'une hygiène particulière.

Les auteurs ne s'accordent guère sur le nombre et les variétés de ces formes. Il serait superflu de rappeler ici les diverses nomenclatures qu'en ont dressées ceux qui ont écrit sur la neurasthénie; disons seulement que la plupart les ont multipliées à l'excès.

Il en est parmi celles qu'on a décrites qui, dans un ouvrage comme celui-ci, ne méritent guère plus qu'une simple mention. Nous les indiquerons sans nous y arrêter : telle est la forme *héréditaire* à début précoce, à durée longue et à accidents tenaces. Les causes occasionnelles ne sont pas indispensables à son apparition : elle se manifeste aux environs de la puberté, souvent sans raison appréciable, chez des jeunes gens pourvus d'une lourde hérédité morbide, qui ont quelquefois présenté dans l'enfance des bizarreries d'humeur, de caractère et d'intelligence. Chez ces malades assez communément s'associent aux stigmates neurasthéniques, les stigmates dits de dégénérescence, scrupules, doutes, obsessions et impulsions diverses.

Telle est encore la forme *aiguë* (*nervosisme aigu* de Bouchut) qui se développerait brusquement sous l'influence d'une cause occasionnelle puissante, d'un choc moral ou physique violent, s'accompagnerait de fièvre et pourrait se terminer par la mort. Les observations sur lesquelles on a essayé d'étayer l'existence de ce type sont jusqu'à présent peu nombreuses et insuffisamment probantes. En fait rien n'autorise à affirmer jusqu'à présent qu'il y ait une neurasthénie aiguë; mais il y a quelquefois une *phase aiguë* au début des états neurasthéniques chroniques, caractérisée par l'apparition subite et rapide des divers signes de l'asthénie nerveuse qui, après une durée quelquefois courte, s'amendent pour reparaître bientôt et s'installer d'une façon durable.

A côté des deux formes précédentes basées sur l'étiologie et sur la marche des troubles, on en a créé bien d'autres en rapport avec la localisation des symptômes et la prédominance de ces derniers dans telle ou telle partie de l'appareil nerveux : de ce nombre sont l'*hémineurasthénie* décrite par Beard et par Charcot (*Neurasthénie dimidiée*), dans laquelle la céphalée, l'amyosthénie, les troubles de sensibilité variés, en se localisant à un côté du corps, peuvent, à un examen sommaire, donner l'illusion d'une hémiparésie organique; la neurasthénie *gastrique* avec prédominance de l'atonie gastro-intestinale; la neurasthénie *cardiaque* (névropathie cérébro-cardiaque de Krishaber), qui s'accuse principalement par de l'angoisse précordiale, des accès de fausse angine de poitrine, des palpitations, des bouffées de chaleur à la figure; la neurasthénie à forme *névralgique*, que caractérisent surtout les névralgies de sièges variés ; la neurasthénie *mono-symptomatique*

(Pitres) qui se traduit par des douleurs fixes et localisées, à la langue (*glossodynie*), à la mamelle, au coccyx, sur certains points des organes génitaux (clitoris). Ces *topoalgies* (P. Blocq) sont d'ordinaire le point de départ de préoccupations hypocondriaques vives et d'obsessions qui, dans le tableau clinique, prennent le pas sur le phénomène douloureux lui-même.

Nous ne croyons pas devoir insister davantage sur les formes qui précèdent et nous nous bornerons à présenter avec quelques développements celles qui nous semblent avoir une individualité plus marquée et une physionomie bien spéciale.

Ces formes se ramènent à quatre :

1° La neurasthénie *cérébro-spinale* (dont la neurasthénie cérébrale ou *cérébrasthénie* et la neurasthénie spinale ou *myélasthénie* ne sont que des subdivisions);

2° La neurasthénie *féminine*;

3° La neurasthénie *génitale*;

4° La neurasthénie *traumatique*.

1° NEURASTHÉNIE CÉRÉBRO-SPINALE. —Elle ne nécessite pas une longue description; car elle résume en elle les symptômes les plus ordinaires de l'affection tels que nous les avons déjà signalés. C'est en somme la forme à la fois la plus vulgaire et la plus complète de la neurasthénie. On y retrouve la céphalée, les vertiges, l'insomnie, l'émotivité, l'inaptitude au travail cérébral, la fatigue rapide de la vue, l'amyosthénie, la rachialgie, les douleurs névralgiques diverses, l'atonie gastro-intestinale avec ou sans les angoisses cardiaques.

Quand ce sont les manifestations cérébrales qui prédominent à l'exclusion des spinales, on dit qu'il y a *Cérébrasthénie*. Dans les cas au contraire où la céphalée est peu vive, où le travail cérébral est encore relativement facile, où les vertiges sont peu accusés, tandis que les douleurs du dos, les brûlures le long de la colonne vertébrale, l'impuissance motrice, la fatigue rapide et le dérobement des jambes, les engourdissements et les douleurs au niveau des membres, les troubles digestifs, dominent le tableau clinique, on a affaire à la *Myélasthénie*. C'est l'ancienne *irritation spinale* des auteurs. Il n'est pas utile de nous y arrêter davantage.

2° NEURASTHÉNIE FÉMININE. — Celle-ci mérite qu'on la décrive à part, car bien qu'elle emprunte, cela va sans dire, ses traits constitutifs au tableau général de la neurasthénie, elle a une physionomie particulière et comporte, comme on le verra plus loin, un traitement spécial. C'est Weir Mitchell qui l'a le mieux observée et le mieux décrite; cet auteur en outre a formulé les règles d'un traitement rationnel dont l'expérience a montré l'incontestable efficacité dans un grand nombre de cas.

La neurasthénie *féminine* représente un type à part qui ne s'observe, cela va sans dire, que chez la femme, mais ne comprend pas tous les cas de neurasthénie qui se développent dans le sexe féminin.

Son étiologie est un peu particulière : tantôt elle est consécutive à des désordres douloureux de l'appareil utéro-ovarien; plus souvent elle est la conséquence du surmènement physique, intellectuel ou moral, et parmi les circonstances qui sont susceptibles de provoquer ce surmènement, il en est une qu'on retrouve souvent à l'origine de la neurasthénie *féminine* et dont Weir Mitchell a fait ressortir avec raison la fréquence et l'importance : les soins réguliers et continus que la femme, en sa qualité de garde-malade naturelle, est souvent obligée de prodiguer à un de ses proches, à son père, à son mari, à son enfant, deviennent la cause de fatigues physiques, tenant à l'alimentation insuffisante, à la vie renfermée, à l'insomnie; il s'y ajoute les angoisses qui résultent de la continuelle préoccupation de l'issue de la maladie et quelquefois le chagrin, conséquence d'une terminaison fatale. La neurasthénie est souvent au bout de ces longues périodes de tourment, d'appréhension, de douleurs morales, de surmènement de tout l'être, et il n'est pas rare qu'elle affecte des caractères assez spéciaux.

Le trait dominant de cet état neurasthénique, c'est le découragement profond, l'impuissance à vouloir, l'*aboulie* en un mot, jointe à un degré d'*asthénie musculaire* qu'on n'observe guère que dans cette forme. Les malades se fatiguent au moindre effort et en arrivent à ne plus oser marcher, soit à cause de l'extrême lassitude qu'elles ressentent lorsqu'elles sont debout, soit parce qu'elles sont en proie à de continuels vertiges, ou parce que la station debout et la déambulation sont pour elles une source de fatigue, de malaise et d'angoisse. Dès lors elles renoncent à sortir, et se confinent dans leur appartement où elles passent leurs journées, assises ou plus souvent étendues, dans l'oisiveté la plus complète. C'est qu'en effet toute activité leur coûte : elles ne peuvent lire sans fatigue, écouter une conversation de quelque durée et encore moins écrire, coudre, se livrer à un travail quelconque. Elles ressentent des douleurs vagues, diffuses, l'appétit devient languissant, les selles rares et difficiles ; quelquefois les malades maigrissent, assez souvent au contraire elles gardent leur embonpoint et souvent l'illusion d'une santé relative.

L'entourage intervient d'ordinaire pour aggraver le mal, soit qu'il croit à une maladie « imaginaire » et témoigne à la patiente, au sujet de ses souffrances et de son incapacité, des doutes qui sont de nature à exagérer ses préoccupations et ses angoisses, soit qu'au contraire il lui manifeste une sympathie maladroite qui n'est pas moins préjudiciable. « Il est encore une autre cause de désordre à ajouter à tous ceux qui pèsent sur les patientes dont j'ai décrit l'affection, dit Weir Mitchell, c'est la tendresse, la sympathie exagérée d'une mère, d'une sœur ou d'une autre parente dévouée. Il n'est rien de plus curieux et à la fois de plus triste et de plus digne de pitié, que cette association entre la malade et son égoïsme d'un côté et la personne bien portante et son dévouement exagéré de l'autre... La patiente souffre de la colonne vertébrale, on la presse de se reposer. Elle ne peut pas lire, celle qui s'est constituée sa garde-malade lui fait la lecture. La lumière lui fait mal aux yeux, sa mère s'enferme avec elle toute la journée dans une chambre obscure. On craint un courant d'air, immédiatement portes et fenêtres sont fermées. » Et Weir Mitchell ajoute avec raison : « Pour guérir un cas semblable, il faut modifier le moral en même temps que vous améliorez le physique; ce n'est qu'à cette condition que vos soins ne seront pas inutiles. La première chose à faire, c'est de séparer le malade des siens, et de substituer à leur société les soins assidus, mais pleins de fermeté, de la garde-malade de profession. »

3° NEURASTHÉNIE GÉNITALE. — Il s'agit là d'une

forme essentiellement masculine de la neurasthénie. Nous dirons plus loin, à propos des théories de la maladie, quelques mots des relations
qu'on a voulu établir entre l'asthénie nerveuse de
la femme et certaines lésions de l'utérus ou de
ses annexes. La neurasthénie génitale dont il
doit être ici question n'a rien à faire avec celle-
ci : elle ne s'observe que chez l'homme et
emprunte aux circonstances dans lesquelles elle
se développe et aux symptômes par lesquels elle
se traduit une physionomie assez spéciale. Elle a
été bien décrite par Beard, par Ultzmann et surtout par Krafft-Ebing.

A en croire les malades, et les auteurs se sont
faits trop complaisamment l'écho de leur manière
de voir, les troubles qui la constituent seraient
d'habitude consécutifs à des excès sexuels, particulièrement aux excès de masturbation pendant
l'adolescence, quelquefois aux excès de coït. Plus
rarement ils succéderaient à des affections plus
ou moins durables du canal de l'urètre, notamment à la blennorrhagie chronique. Ces affections
ou ces excès amèneraient un éréthisme des centres
qui président à l'érection et à l'éjaculation et plus
tard l'atonie et l'inactivité de ces centres, d'où
dériveraient les divers symptômes de la neurasthénie génitale.

A regarder les choses de près, les causes occasionnelles invoquées par les malades nous sem-

blent avoir une importance bien moindre que celle qu'ils leur attribuent : bien souvent les excès dont ils s'accusent ne dépassent pas la moyenne de ceux dont les adolescents et les adultes sont coutumiers. C'est ailleurs qu'il faut chercher la cause véritable des troubles qui caractérisent la neurasthénie génitale; les jeunes gens qui en sont affectés présentent d'ordinaire des stigmates avérés de dégénérescence. Héréditaires ou non, ce sont des gens chez qui on retrouve les signes d'une débilité congénitale transmise ou acquise du système nerveux : convulsions infantiles, incontinence nocturne d'urine jusqu'à un âge plus ou moins voisin de l'adolescence, malformations des oreilles, développement insuffisant ou exagéré de la verge ou des testicules, timidité morbide, doutes, scrupules. En fait ces malades sont souvent déjà des « mentaux » avant d'être des neurasthéniques, et leur neurasthénie porte constamment l'empreinte d'un dérangement cérébral assez accusé; elle s'accompagne d'une véritable obsession hypocondriaque.

Parmi les symptômes dont se plaignent ces obsédés, les symptômes génitaux tiennent naturellement la première place : ce sont des pollutions nocturnes fréquentes et fatigantes, du priapisme, des éjaculations rapides au contact de la femme, qui ne permettent pas l'accomplissement régulier et complet des rapports sexuels. A un degré plus avancé c'est une véritable impuissance, plus psychique à la vérité que spinale : le malade a ou n'a pas d'érections, mais en tout cas l'érection ne se produit pas ou cesse au moment de l'acte physiologique. Si les désordres s'accusent plus encore, on voit les éjaculations survenir à l'occasion de la moindre excitation, d'une pensée érotique, de la vue d'une femme ou même d'un frôlement ou d'une secousse comme celles que provoquent l'équitation ou les cahots de la voiture : ces éjaculations ne s'accompagnent d'ailleurs d'aucune sensation voluptueuse. Il peut même arriver que la spermatorrhée se produise sans la moindre érection quand les malades font un simple effort de miction ou de défécation. A la vérité, dans ce dernier cas, c'est moins souvent la spermatorrhée vraie que la prostatorrhée qu'on observe, et les sujets prennent fréquemment pour du liquide spermatique le simple mucus prostatique et urétral.

Ces troubles de l'érection et de l'éjaculation s'accompagnent de sensations pénibles : brûlures du canal, douleurs à caractère névralgique au niveau des cuisses et des lombes, et des divers symptômes de la neurasthénie cérébro-spinale : rachialgie, céphalée, amyosthénie, troubles dyspeptiques, accès de palpitation et d'angoisse cardiaque.

Mais ce qui donne au tableau clinique une physionomie assez à part, c'est l'état psychique spécial de ces malades : ils sont aussi confus qu'affectés de leur situation et leur visage exprime à la fois la timidité, la honte et la tristesse. Ils parlent d'ordinaire peu et à voix basse ; absorbés par leurs préoccupations maladives, ils se désintéressent de toutes les choses de la vie qui n'ont pas trait à ces préoccupations. C'est parmi eux que se recrutent quelques-uns de ces *persécutés auto-accusateurs* [1] sur lesquels l'un de nous a appelé l'attention ; le désespoir les conduit assez souvent aux idées de suicide, et quelquefois même ils passent de l'idée à l'acte.

4° NEURASTHÉNIE TRAUMATIQUE. — La neurasthénie traumatique réalise une forme dont la personnalité n'est pas moins accusée que celle de la neurasthénie féminine et de la neurasthénie génitale. Ses symptômes à la vérité s'associent assez souvent à ceux de l'hystérie pour constituer l'hystéro-neurasthénie traumatique. Afin d'éviter de sortir du cadre de ce livre, nous ne nous préoccuperons ici que de la neurasthénie simple.

Il y a quelque trente ans les médecins anglais et américains (Lidell, Syme, Morris, de Savory) s'attachèrent à décrire sous le nom de *Railway*

1. G. Ballet, *Leçons de clinique médicale.* Paris, 1897. O. Doin, éditeur.

spine des accidents nerveux de diverses natures
qu'ils avaient observés chez des individus victimes d'accidents de chemin de fer. Erichsen
attribua ces accidents à des lésions superficielles
de la moelle, du cerveau et de leurs enveloppes :
Westphal et Leyden s'associèrent à cette manière
de voir.

Quelques années plus tard, en 1884 et 1885,
M. Oppenheim et M. Thomsen émirent à propos
de la pathogénie des accidents en question une
opinion différente : ils les considérèrent comme
de simples troubles nerveux, mais qui par leur
physionomie réaliseraient une entité clinique
spéciale, différente des névroses jusque-là décrites,
et qu'ils appelèrent *névrose traumatique*.

Cependant deux médecins américains, M. Wal-
ton et M. Putnam, avaient fait ressortir l'analogie
qui existe entre certains des symptômes de cette
névrose et ceux de l'hystérie telle qu'on la con-
naissait déjà. Page (1885) avait fait des remarques
analogues. Charcot vers la même époque s'appli-
qua à montrer que les divers troubles décrits
comme des manifestations particulières de la
névrose traumatique ne sont après tout que celles
de l'hystérie ou de la neurasthénie, tantôt isolées,
tantôt associées.

Cette manière de voir ne nous paraît pas con-
testable. Mais Charcot alla un peu loin lorsque,
après avoir refusé avec raison à la neurasthénie

traumatique toute individualité nosologique, il lui refusa également l'individualité clinique. Or, il n'est pas exact de dire que la neurasthénie traumatique ne puisse se différencier de la neurasthénie produite par une autre cause. En fait, dans la majorité des cas, comme divers auteurs, et MM. Brouardel et Vibert notamment l'ont avancé, elle a une physionomie assez spéciale.

Passons rapidement en revue ses causes et ses symptômes.

La neurasthénie traumatique peut être la conséquence d'un accident tout individuel : elle se montre à la suite d'une chute de cheval ou de voiture, d'un coup reçu à la tête, de la chute d'un échafaudage. Plus fréquemment elle reconnaît pour cause des catastrophes où sont impliqués un plus ou moins grand nombre d'individus : tremblements de terre, accidents de chemin de fer. On a fait depuis longtemps la remarque que les victimes qui en sont le plus souvent affectées ne sont pas celles qui présentent les blessures les plus graves : c'est qu'en fait la neurasthénie traumatique reconnaît pour cause beaucoup moins le choc physique que le choc moral, c'est-à-dire l'émotion et la frayeur occasionnées par l'accident.

Bien que les premiers symptômes puissent se manifester assez promptement, en général ils n'apparaissent que quelques jours et parfois quelques semaines après l'événement qui les a

provoqués. La neurasthénie traumatique emprunte
sa physionomie propre surtout aux troubles
psychiques, qui sont ici, au moins dans les cas
typiques, beaucoup plus accusés que dans les
autres formes de neurasthénie.

La physionomie des malades exprime à la fois
la tristesse et l'hébétude. Leur marche est lente,
gênée, ou même titubante : ils s'avancent à petits
pas et tout d'une pièce, comme si les articulations
de la colonne vertébrale et des membres inférieurs
avaient perdu leur souplesse. Leur parole est
basse, hésitante, quelquefois même trémulente.
Ils ont une grande peine à fixer l'attention : aussi
répondent-ils avec une certaine difficulté, au moins
avec une certaine lenteur aux questions qu'on
leur adresse; ils se plaignent de ne plus pouvoir
lire, ni travailler. Ils ont une grande torpeur de
la mémoire. Leur émotivité est excessive et souvent ils fondent en larmes dès qu'on leur parle de
leur affection et des causes qui l'ont provoquée.
Ils ont une céphalée vive, des vertiges, de l'insomnie; quand ils s'endorment ils sont tourmentés
par des cauchemars pénibles où les péripéties
de leur accident tiennent d'ordinaire une large
place.

Ils accusent fréquemment des troubles de la
sensibilité, des algies locales, des engourdissements, des sensations de froid, de fourmillements,
de brûlures au niveau des membres; de l'asthé-

nopie; des bourdonnements d'oreille avec ou sans hyperacousie.

L'asthénie musculaire est générale et très accusée.

Il y a comme chez la plupart des neurasthéniques des troubles digestifs, mais ici l'atonie gastro-intestinale se complique assez souvent de vomissements.

Le pouls dans bien des cas est fréquent et avec cela petit, quelquefois intermittent. On peut observer de la polyurie, de la glycosurie. Communément il y a de l'impuissance génitale.

En somme on retrouve dans la neurasthénie traumatique, combinée ou non à l'hystérie, les divers symptômes qui font partie intégrante du tableau habituel de l'asthénie nerveuse, mais à un degré en général beaucoup plus accusé.

Enfin l'impuissance mentale, la tristesse, l'aboulie et le facies spécial que ces troubles déterminent communiquent au malade une physionomie assez à part pour que la neurasthénie traumatique, contrairement à ce qu'on a pu dire, soit d'ordinaire aisée à différencier et soit une individualité clinique incontestable.

QUATRIÈME PARTIE

PATHOGÉNIE

Nous nous proposons d'examiner dans ce chapitre les théories qui ont été émises dans le but d'éclairer la pathogénie de la neurasthénie. — Aucune de ces théories ne nous paraît applicable à l'ensemble des faits; mais chacune d'elles contient une part de vérité et par conséquent une indication précieuse pour l'hygiène prophylactique ou thérapeutique de l'affection.

A. *Théories gastriques.* — De tout temps les médecins se sont efforcés de subordonner le nervosisme et par conséquent les différents symptômes de la neurasthénie à quelque lésion ou à quelque désordre fonctionnel de l'estomac ou des viscères abdominaux. Dans ces conceptions pathogéniques c'est tantôt une humeur peccante engendrée par l'estomac, la rate ou le foie malade, tantôt une influence nerveuse vague, une action réflexe, qui sert d'intermédiaire entre l'organe primitivement atteint et le système nerveux secon-

8

dairement intéressé. C'est ainsi que Galien avec l'*atrabile*, van Helmont avec son *archée*, n'ont été que les précurseurs lointains de Broussais et de Beau, soutenant que les états névropathiques avaient pour origine première soit la *gastrite*, soit la *dyspepsie*. Notre époque a vu reparaître des systèmes pathogéniques analogues, mais fondés cette fois sur des observations plus précises, sur des documents plus exacts, issus d'une technique relativement perfectionnée. La plus importante de ces théories modernes qui voient dans le trouble des fonctions gastriques la cause première des états neurasthéniques est celle qu'a soutenue M. le professeur Bouchard.

1º *Théorie de l'auto-intoxication.* — La doctrine de M. Bouchard est la suivante : sous l'influence de causes diverses, et en vertu d'une faiblesse congénitale ou héréditaire des tuniques musculaires de l'estomac, cet organe se rétracte insuffisamment dans les intervalles qui séparent les digestions. Les liquides, salive, mucus, suc gastrique mêlés de débris alimentaires, tendent à y séjourner, y fermentent et s'y putréfient d'autant mieux que le suc gastrique ne contient plus d'acide chlorhydrique en proportion suffisante pour s'opposer à l'action des ferments.

Ces fermentations anormales produisent incessamment des toxines solubles qui, résorbées, vont altérer à des degrés variables les éléments anatomiques des divers organes et notamment des centres nerveux. Parmi les phénomènes morbides qui, d'après M. Bouchard, dépendent de l'état gastrique, figurent en effet tous les grands symptômes de la neurasthénie : la fatigue, l'accablement dès le réveil, la céphalée, l'inaptitude au travail, les vertiges, les digestions laborieuses accompagnées d'un malaise général et local, etc.

On n'a pas manqué d'opposer à cette théorie certaines critiques. Tout d'abord on a fait remarquer que la dilatation et la stase gastrique font défaut chez un très grand nombre de malades ; en second lieu, ceci est certain, il y a des neurasthéniques qui n'ont jamais présenté aucun trouble des fonctions digestives. On a dit, il est vrai, que la dilatation stomacale pouvait être silencieuse, et subsister à l'état latent sans manifestation dyspeptique concomitante ; mais l'exploration à l'aide de la sonde a permis de constater d'une manière directe l'absence de toute stase gastrique dans une foule de cas. D'autre part, l'*ana-* ou l'*hypochlorhydrie* qui constituent un des éléments essentiels de cette doctrine pathogénique manquent fréquemment dans les états dyspeptiques, et nous avons vu qu'il n'était pas rare d'y rencontrer l'hyperchlorhydrie. Enfin, a-t-on dit, si les troubles nerveux de la neurasthénie sont l'effet d'une auto-intoxication d'origine stomacale, comment se fait-il que les sujets affectés de grande dilatation gastrique déterminée par exemple par une sténose du pylore et s'accompagnant de stase permanente, ne présentent jamais la série des symptômes nerveux attribués à la dilatation protogastrique? Ces objections suffisent évidemment à prouver que la théorie de la dilatation gastrique et de l'auto-intoxication, applicable peut-être à quelques cas d'épuisement nerveux, ne l'est pas à tous.

2° *Théorie de la viciation de la nutrition par les états dyspeptiques.* — MM. Hayem et Winter ont repris récemment la théorie défendue jadis par Beau : la dyspepsie, quelle qu'en ait été la cause provocatrice, qu'elle s'accompagne ou non de dilatation gastrique, entraînerait à la longue l'anémie des malades et une perturbation générale dans la nutrition de leurs tissus, de leurs éléments nerveux en particulier. Dans leurs études sur le chimisme stomacal ces auteurs attribuent les désordres généraux consécutifs aux états dyspeptiques aux produits albuminoïdes dérivés des modifications qualitatives subies par la digestion gastrique bien plus qu'aux toxines engendrées par fermentation. Les gastropathies dont le début remonte fréquemment à l'enfance ou à l'adolescence, en fournissant aux éléments anatomiques des produits nutritifs de composition vicieuse prépareraient ainsi des maladies diverses de la nutrition et sans doute aussi, dans un certain nombre de cas, les altérations fines des centres nerveux d'où dérivent les symptômes de l'épuisement nerveux. Cette conception étant admise peut-elle servir de base à une interprétation pathogénique des états neurasthéniques *en général*? Nous ne le croyons pas pour les raisons suivantes : il y a incontestablement des neurasthéniques qui, quelle que soit d'ailleurs la fréquence des troubles dyspeptiques chez les malades de cette catégorie, ne présentent aucune anomalie, aucun désordre de leurs fonctions digestives. Nous pourrions aisément rapporter des exemples de neurasthénie héréditaire, de cérébrasthénie pure dans lesquels la nutrition générale et les fonctions gastriques n'ont subi aucune atteinte sensible. Et puis les cas sont fréquents dans lesquels une émotion violente et subite, un choc traumatique ou toute autre cause a provoqué l'apparition rapide et *simultanée* des troubles digestifs et des autres symptômes neurasthéniques. On ne saurait donc, dans les faits de cet ordre où le développement de l'état dyspeptique et l'apparition des manifestations diverses de la névrose ont été contemporains, rattacher au seul trouble des fonctions digestives la genèse du syndrome neurasthénique tout entier. Ces réserves faites, il faut reconnaître que la dyspepsie précède quelquefois l'état neurasthénique; en pareil cas l'origine gastro-intestinale de l'épuisement nerveux est tout au moins vraisemblable. On rencontre, en effet, des malades qui, avant de verser dans la neurasthénie, ont souffert de l'estomac pendant des mois et des années. Qu'ils aient été primitivement atteints de dyspepsie atonique avec hypochlorhydrie ou de dyspepsie hyperacide, avec ou sans hypersécrétion, ils ont maigri, ont perdu leurs forces ; leur nutrition générale a subi une atteinte profonde. Lorsque, après une période plus ou moins longue, durant laquelle les troubles digestifs ont seuls occupé la scène, on voit apparaître chez ces malades le cortège habituel des symptômes de l'épuisement nerveux, rien n'est plus légitime que d'imputer au trouble des fonctions digestives le développement de la névrose. Mais ici encore il est permis de se demander si c'est bien en viciant la nutrition des éléments des centres nerveux que la dyspepsie a engendré l'état névropathique. Ne faut-il pas aussi, dans les faits de cette catégorie, tenir compte de l'influence déprimante qu'exerce toujours sur l'état moral des patients une affection gastrique rebelle aux traitements les plus divers, source pénible et irritante de malaises et d'inquiétudes incessants. De quelque manière que l'on interprète ce retentissement du trouble gastro-intestinal sur les centres nerveux, il n'en est pas moins vrai que l'état dyspeptique doit être tenu ici pour le facteur principal de l'affection.

En somme, on peut, croyons-nous, résumer les rapports des états dyspeptiques et de la neurasthénie en disant : chez le plus grand nombre des

malades atteints d'épuisement nerveux la dyspepsie n'a que la valeur d'un symptôme, mais d'un
symptôme important, puisqu'il est susceptible de
contribuer pour une large part à l'entretien de
l'état névropathique. Dans certains cas assez nombreux, semble-t-il, le trouble des fonctions digestives a été la cause primordiale du développement
de la neurasthénie et c'est contre lui que doit être
dirigé le principal effort thérapeutique.

3° *Ptose des viscères abdominaux*. — M. Glénard
a tenté d'expliquer par l'abaissement des viscères
dans la cavité abdominale à la fois la dyspepsie
et le nervosisme, lequel comprend la plupart
des symptômes neurasthéniques. Mais cet auteur
a été conduit, par des recherches ultérieures,
à attribuer à un trouble mal déterminé des fonctions hépatiques l'ensemble des phénomènes dyspeptiques et névropathiques qu'il a observés chez
ses malades (*neurasthénie hépatique* de Glénard et
F. Lagrange).

Il est certain que l'enteroptose existe chez
quelques neurasthéniques, mais il est incontestable aussi que ce syndrome fait défaut chez la plupart d'entre eux. M. Glénard reconnaît d'ailleurs
que le syndrome névropathique qu'il a eu en
vue n'est pas la neurasthénie telle qu'elle a été
définie par Beard et les auteurs qui l'ont décrite
après lui. La ptose des viscères abdominaux peut
bien s'accompagner de troubles nerveux; mais il

est évident qu'elle ne saurait servir de base à une théorie pathogénique de la neurasthénie.

B. *Théorie génitale.* — En décrivant la forme génitale de la neurasthénie nous avons vu que les affections utéro-ovariennes chez la femme et chez l'homme l'onanisme, les excès de coït, les affections vénériennes pouvaient être le point de départ, la cause provocatrice d'un état neurasthénique bien déterminé. Mais il est clair que les lésions organiques et les troubles fonctionnels de l'appareil génital n'exercent aucune action spécifique sur les centres nerveux. Ils n'ont que la valeur d'un puissant facteur d'épuisement nerveux parmi tant d'autres, et rien de plus. Si on les retrouve fréquemment à l'origine des états neurasthéniques c'est qu'ils agissent avec une intensité particulière sur l'état moral des malades par les préoccupations tristes, les inquiétudes, les peurs qu'ils entretiennent dans leur esprit.

C. *Théorie vaso-motrice.* — Frappé de la fréquence des troubles vaso-moteurs chez les neurasthéniques, Anjel en fit une étude attentive. A l'aide du plethysmographe, il montra que chez ces malades le système vaso-moteur est plus excitable et plus prompt à s'épuiser que chez les sujets nor-

1. Anjel, *Archiv für Psych.*, VIII, 2.

maux. Lorsqu'après avoir appliqué l'appareil de
Mosso au bras d'un individu normal, on invite le
patient à exécuter un travail intellectuel (lecture,
calcul), on constate que le volume du bras diminue
aussitôt, ce qui est dû à la contraction des artères.
Cet état de spasme se prolonge tant que dure l'activité cérébrale; il cesse rapidement dès que le cerveau entre en repos. Si l'on renouvelle cette expérience sur un sujet neurasthénique, on voit que le
spasme vasculaire initial se produit avec une
facilité et une rapidité très grandes, mais le
volume du bras ne reste pas stationnaire pendant
toute la durée du travail intellectuel; au bout de
quelques instants il augmente, puis il diminue de
nouveau et présente ainsi une série d'oscillations
de sens contraire. Quand le travail cérébral a pris
fin, ces changements se poursuivent encore
quelque temps; les artères ne reviennent pas
promptement à leur tonus habituel, comme cela
arrive toujours chez un sujet sain. L'appareil
vaso-moteur du neurasthénique réagit donc sous
l'influence des causes les plus légères; il est irritable et débile tout ensemble, puisque l'excitation
passée, le tonus artériel se rétablit plus lentement.

Anjel a constaté encore que les causes propres
à stimuler l'innervation vaso-motrice, les repas,
l'ingestion de boissons excitantes, par exemple,
atténuent cette instabilité et que, par contre, celle-

ci s'accroît lorsque le malade est à jeun. Bien qu'elles soient d'un ordre un peu différent, des expériences de Weber [1] sont venues corroborer les faits observés par Anjel. Cet auteur, se basant sur un ensemble de données fournies par la clinique et par l'expérimentation, admit que les hyperesthésies, les dysesthésies, les paresthésies, les vertiges, en un mot presque tous les symptômes de l'épuisement nerveux étaient dus à des troubles vaso-moteurs, à des alternatives de spasme et de congestion s'effectuant dans les centres nerveux sous l'influence des causes les plus légères. Il proposa donc de définir la neurasthénie une *névrose vaso-motrice*.

Mais, en supposant que l'opinion d'Anjel soit conforme à la réalité des choses, il est évident que sa conception n'éclaire que la physiologique pathologique des troubles fonctionnels de la neurasthénie et non point la pathogénie de la maladie elle-même. Elle ne fait que poser le problème sous une forme nouvelle et elle ne nous dit pas quelle est la raison précise de ce désordre de l'innervation vaso-motrice et comment il se trouve réalisé par tant de causes si diverses.

En résumé, aucune des théories pathogéniques que nous venons d'indiquer n'est entièrement satisfaisante. Ces théories laissent subsister tout

1. Weber, *Boston med. Journal*, 1888.

entière la conception la plus généralement admise aujourd'hui, à savoir : que l'épuisement nerveux a sa raison d'être dans une modification de tous les centres nerveux. En quoi consiste essentiellement cette névrose? Quelles sont les altérations anatomiques ou chimiques des centres nerveux d'où dépendent les troubles psychiques, moteurs, sensitifs, circulatoires, etc., qui la caractérisent? Et comment les passions dépressives, les émotions, le surmenage sous toutes ces formes arrivent-ils à les réaliser? Nous l'ignorons. On peut supposer avec Erb un trouble délicat de la nutrition des éléments nerveux; avec Beard un défaut d'équilibre entre leur union et leur séparation, avec M. Féré une modification de leur vibratilité, sans être plus renseignés pour cela.

CINQUIÈME PARTIE

HYGIÈNE PROPHYLACTIQUE

CHAPITRE I

Généralités.

Envisagée en général, l'hygiène prophylactique poursuit un double but : elle se propose en premier lieu d'écarter les causes génératrices des maladies, en second lieu, si ces causes sont inévitables (il en est ainsi notamment des tares héréditaires constituées), de mettre les sujets qui se trouvent exposés à leur action nocive en état de leur résister. En étudiant les causes de la neurasthénie nous avons vu quelle était l'importance du rôle dévolu à l'*hérédité morbide* dans le développement de cette affection ; nous avons été conduits à reconnaître que l'hérédité neuro-arthritique était capable d'engendrer à elle seule cette névrose, mais qu'elle agissait le plus souvent à la manière d'une cause prédisposante en réalisant chez les sujets soumis à son influence cette débi-

lité native du système nerveux qui le laisse sans
défense vis-à-vis des multiples causes provocatrices de la maladie. La première tâche à remplir
dans le traitement préventif de la neurasthénie se
trouve ainsi tout naturellement tracée. Elle con-
sistera à sauvegarder l'avenir des enfants issus de
parents névropathes ou arthritiques en réprimant
leurs tendances héréditaires, en renforçant autant
que possible l'énergie et la résistance de leurs
centres nerveux. Pour atteindre ce but il ne faut
rien moins que la mise en pratique méthodique et
patiente de tous les moyens dont l'hygiène dispose, et cela durant toute la période du développement des sujets, depuis l'enfance jusqu'à l'âge
adulte. Préciser les termes d'un pareil programme
c'est exposer le régime d'*éducation morale* et *physique* qui convient aux enfants chargés de tares
héréditaires ou congénitalement prédisposés à
l'épuisement nerveux.

Au seuil même de cette étude se pose une question capitale. Est-il certain que l'éducation soit
capable de réprimer les tendances morbides congé-
nitales, de modifier profondément chez l'individu
le tempérament, les penchants, la constitution nerveuse qu'il a hérités de ses ascendants? Les savants
et les philosophes ont émis sur ce point des opinions
fort dissemblables et même complètement oppo-
sées. On sait combien, au siècle dernier, le pouvoir réformateur et plastique attribué à l'éducation

avait été exagéré : on allait jusqu'à se demander
naïvement, avec Helvétius, si le talent, comme la
vertu, ne peut pas s'enseigner et si les différences
qui existent entre les hommes ne proviennent pas
uniquement des différences de milieu et d'éducation reçue. De nos jours, après les observations
relatives aux faits d'hérédité, on a plutôt tendance à adopter une croyance opposée. Beaucoup
pensent avec H. Spencer que l'éducation est inutile, ou presque impuissante, que l'évolution
humaine est toujours et fatalement régie par l'hérédité, que la destinée morale de l'homme est contenue dans le fœtus et que l'on naît fou ou désé-
quilibré comme on naît poète. Au sens de cette
doctrine outrancière, il semble donc que la tare
nerveuse, une fois implantée dans la famille, doive
se transmettre inéluctablement à toute la descendance, produisant soit la folie morale, soit les
maladies du système nerveux ou telle autre forme
de la misère physiologique qui aboutira un jour à
la stérilité et partant à l'extinction de la race :
cette conception moderne, qui accorde à l'hérédité
une puissance au moins égale à celle que les poètes
anciens prêtaient à la Fatalité, est assurément
excessive. L'antinomie qui existe entre le pouvoir
attribué par certains penseurs à l'éducation et par
d'autres à l'hérédité n'est pas dans les faits ; entre
les opinions extrêmes il y a place pour une opinion
moyenne, plus conforme à la réalité des choses.

Il est certain que les tares morbides accumulées dans quelques familles, agissant d'une manière en quelque sorte massive, peuvent produire chez leurs descendants d'irrésistibles poussées. Mais l'influence héréditaire n'a pas toujours cette puissance d'action et c'est là à coup sûr le cas le plus fréquent. Alors l'éducation peut intervenir efficacement ; elle arrive à créer des instincts artificiels capables de faire équilibre aux instincts héréditaires, de les étouffer même, de substituer enfin à l'*habitude ancestrale*, innée, l'*habitude individuelle*, acquise.

L'éducation des enfants héréditairement prédisposés au nervosisme doit poursuivre un triple but : 1° développer harmonieusement toutes les capacités de l'individu et plus particulièrement les capacités spéciales à chaque sujet, mais dans la mesure où elles ne peuvent nuire à l'équilibre général de l'organisme ; 2° enrayer les tendances héréditaires susceptibles de troubler l'équilibre physique et moral ; 3° fortifier l'énergie, la résistance physiologique du système nerveux.

Une bonne méthode d'éducation doit tendre tout d'abord à assurer le développement de la force et de ce qu'on appelle la santé *physique*. C'est là la première nécessité, puisque la santé physique est la condition essentielle ou, si l'on veut, la base de la santé intellectuelle. Après le développement physique se place le développement *moral*. L'éducation morale possède en effet une puissance d'action bien supérieure à celle de l'instruction en tant que moyen de réformer les tendances héréditaires morbides. Elle est bien plus apte que l'éducation intellectuelle proprement dite à doter les hommes des qualités psychiques qui les feront résistants et forts dans la lutte pour la vie. L'éducation scientifique n'arrive donc qu'au dernier rang et nous n'avons à nous en occuper ici que dans ses rapports avec l'hygiène.

Nous allons donc examiner successivement, dans ce chapitre, les principes qui doivent régir : 1° l'éducation physique ; 2° l'éducation morale des enfants héréditairement prédisposés à l'épuisement nerveux.

CHAPITRE II

Éducation physique.

Il ne saurait y avoir d'inconvénients à développer chez un enfant, à quelque sexe qu'il appar-
tienne, quelque robuste que soit sa constitution,
les forces du corps; la santé physique est en
effet en tout état de cause un bien désirable.
Mais c'est aux enfants issus de souche neuro-
arthritique, héréditairement prédisposés aux troubles de la nutrition générale et du système nerveux,
que la culture de l'énergie corporelle, telle que
la donne une éducation physique bien comprise, est particulièrement nécessaire. « Dans les
temps primitifs, dit Spencer, alors que la guerre,
la lutte à main armée, était la première des acti-
vités sociales, la vigueur du corps devenait le but
essentiel de l'éducation. On se souciait peu de la
culture de l'esprit, on la traitait même avec mépris.
Aujourd'hui que le succès dans la vie dépend
presque entièrement de la force de l'intelligence,
l'éducation est devenue presque exclusivement

intellectuelle et l'on néglige le corps. » Bien qu'à
cet égard une réaction heureuse se soit produite
dans le cours de ces dernières années, la critique
de Spencer reste en grande partie parfaitement
fondée et l'on est encore autorisé à dire que parmi
les éducateurs de la jeunesse, parents ou maîtres,
« il est bien peu de gens qui paraissent comprendre qu'il existe une chose dans le monde
qu'on pourrait appeler la *moralité physique*! »

L'éducation physique des sujets prédisposés à
l'épuisement nerveux implique l'observance d'une
foule de mesures d'hygiène qui ont trait au
milieu, à l'alimentation, aux exercices physiques, et que nous allons examiner brièvement.

I. *Milieux*. — Les grandes villes constituent un
milieu on ne peut plus défavorable au développement physique de ces sujets. Cela est surtout
vrai pour les tout jeunes enfants, pour ceux qui
traversent cette période de la croissance qui
s'étend de la 3e à la 12e année. Dans les villes ils
respirent un air impur, ils sont condamnés à une
sédentarité relative, l'espace manque à leurs
ébats en plein air; le bruit, le contact des foules,
les réunions mondaines auxquelles ils sont trop
souvent mêlés, les mille causes d'excitation qu'en-
gendre la vie citadine sont autant de conditions
fâcheuses auxquelles il faut à tout prix les soustraire. Par contre, le séjour à la campagne est

pour les enfants de cet âge le séjour idéal : la
vie calme des champs, sans théâtre, ni concert,
ni réunions mondaines, avec l'air pur, une
nourriture simple, le commerce incessant avec
les choses et les êtres de la nature qui ont tant
d'attrait pour eux, voilà le milieu doucement
éducateur qui leur convient le mieux. La campagne, dit Mœbius, c'est le paradis des enfants;
mais l'accès en est malheureusement interdit à
beaucoup d'entre eux. C'est pourquoi l'on doit
s'efforcer d'appliquer à l'enfant élevé à la ville, un
système d'éducation qui réalise dans la mesure
du possible les conditions hygiéniques si pré-
cieuses qu'offre naturellement la vie rustique.

En étudiant les causes du surmenage scolaire
nous avons vu que la plupart des troubles nerveux
qu'il détermine, étaient bien plus le fait d'une
hygiène et d'une éducation physique défectueuses
que du surmenage cérébral proprement dit. Aussi
le système des internats est-il particulièrement
néfaste aux enfants débiles ou héréditairement
prédisposés au nervosisme. Tout le monde a
reconnu les dangers qu'il peut présenter sous
le rapport de l'hygiène : claustration malsaine,
sédentarité, agglomérations trop considérables,
règles étroites et cadres rigides brisant trop souvent chez l'enfant le ressort de la volonté, etc.
Tous ces inconvénients sont graves et s'ils ont
été quelque peu atténués à la suite des réformes

qui ont été récemment introduites dans le régime scolaire, ils n'en subsistent pas moins encore aujourd'hui. La durée des classes étant excessive, les enfants respirent dans leurs salles de travail un air vicié. L'alimentation est suffisante, mais le temps des repas est trop court et l'on continue à manger vite et en silence dans la plupart des lycées. Les heures de sommeil y sont trop restreintes et, par suite de la surcharge des programmes, les heures d'étude trop nombreuses et les temps de repos insuffisants ou mal répartis. Presque tous les lycées étant situés dans l'intérieur des villes, les préaux et les cours où les élèves passent leurs récréations sont trop exigus et ne permettent guère les « jeux de poursuite », qui constituent cependant pour les enfants et les adolescents le plus salutaire de tous les exercices. Enfin les mœurs y laissent beaucoup à désirer. M. Sainte-Claire Deville[1] disait fort justement à ce propos, il y a plus de vingt ans : « La morale expérimentale, qu'on me passe le mot, ne peut pas plus se pratiquer sur l'homme que la physiologie; mais quand on opère sur des animaux, quand, tenant un compte suffisant de l'intelligence humaine, on cherche à découvrir les causes physiques des défauts et des vices dans les enfants, qui, à certains moments de leur développement, sont si

---

1. Cité par M. Guyau, *loc. cit.*, p. 85.

près des animaux, je suis persuadé qu'on peut arriver à des conséquences pratiques d'un haut intérêt... En général, toutes les fois qu'on rassemble et qu'on fait vivre en domesticité restreinte des animaux d'un même sexe et surtout du sexe masculin, on remarque d'abord une grande excitation des instincts de reproduction et ensuite une perversion redoutable de ces mêmes instincts. Mettez-vous au contraire soit en troupeaux, soit en liberté complète, ces animaux destinés à vivre en société, vous voyez tout de suite dominer les caractères normaux de l'animal... Ce qui se passe dans un troupeau se passe également dans une réunion d'enfants mâles, quelle qu'elle soit, élevée par qui que ce soit, défendue par les règles de la surveillance la plus étroite, fût-elle de jour et de nuit. L'inconvénient le plus grave de ces vices, pour la société, c'est le développement exagérée entre vingt et trente ans, des facultés génésiques d'où naissent la débauche et la lubricité... »

Il est évident que tous ces défauts, tous ces péchés d'hygiène inhérents pour ainsi dire à la vie des collèges, ne sauraient être compensés par l'avantage du « redressement mutuel des caractères » dont parlent les partisans de l'internat. Le pensionnat dans les lycées et collèges, l'internat en un mot, devrait donc être interdit aux enfants issus de nerveux, et c'est l'externat qu'il faudrait surtout recommander. Malheureusement si l'internat est un mal, il est un mal nécessaire, parce qu'il est pour beaucoup de parents, fixés loin des grandes villes, le seul moyen de faire instruire leurs enfants. Il faudrait donc le perfectionner. On pourrait encore avoir recours pour l'instruction des enfants prédisposés au nervosisme héréditaire au système *familial* depuis longtemps en vigueur dans quelques écoles d'Angleterre et dans la plupart des villes d'Allemagne. « Actuellement, dit M. Michel Bréal qui a fait de ces questions d'organisation scolaire une étude des plus intéressantes, sur mille élèves fréquentant les gymnases allemands, il n'y en a pas cent qui soient placés hors de la famille. » Les enfants sont confiés à quelque famille honorable qui, moyennant une rétribution souvent modeste, leur assure le vivre et le couvert. Ils ont leur place à la table et au foyer familial et ne se rendent au gymnase que pour y recevoir l'instruction, aux heures de classe. Ce système existait aussi en France autrefois : dans ses souvenirs d'enfance et de jeunesse, Renan raconte que le collège où il reçut ses premières leçons « donnait l'éducation à toute la jeunesse de la petite ville et des campagnes dans un rayon de six ou huit lieues à la ronde. Il comptait très peu d'internes, écrit-il. Les jeunes gens, quand ils n'avaient pas leurs parents dans la ville, demeuraient chez les habitants, dont plusieurs trouvaient, dans l'exercice de cette hospitalité, de petits bénéfices... Ce système était celui du moyen âge. C'est encore celui de l'Angleterre et de l'Allemagne, pays si avancés pour tout ce qui touche aux questions d'éducation. »

II. *Exercices physiques. Gymnastique.* — Quelle est la meilleure gymnastique pour les enfants et les écoliers? — Les jeunes enfants élevés à la campagne, mis en liberté après les heures d'étude, trouvent toujours dans le milieu où ils sont placés, de l'espace pour s'ébattre et des motifs attrayants de course, de jeux on ne peut plus variés. Les longues promenades en terrain accidenté, les poursuites, les mille jeux enfin auxquels ils se livrent, constituent une gymnastique naturelle, parfaite et qui au point de vue hygiénique ne laisse rien à désirer. Mais quels sont les exercices physiques qu'il convient de prescrire aux écoliers des villes que la surcharge des programmes d'étude condamne à une sédentarité excessive et parfois au surmenage cérébral? C'est là une question d'hygiène du plus haut intérêt.

En 1887, au cours de la campagne qui fut menée contre le surmenage scolaire, l'Académie de médecine fut invitée officiellement à donner son avis sur l'étendue du mal et sur la nature des remèdes qu'il conviendrait d'y apporter. Elle formula à ce sujet une série de conclusions dont

l'une vise spécialement les exercices du corps :
« Nécessité impérieuse de soumettre tous les élèves
à des exercices quotidiens d'entraînement physique
proportionnés à leur âge (marches, course, saut,
formations, développements, mouvements réglés
et prescrits, gymnastique avec appareils, exercices
de tout genre, jeux de force,... etc.). » Or, ces différents exercices que l'Académie recommande en
bloc n'ont pas une valeur hygiénique uniforme ; ils
sont susceptibles de produire des effets physiologiques fort dissemblables et l'on ne saurait sans de
sérieux inconvénients prescrire indifféremment tel
ou tel de ces genres d'exercices aux enfants débiles
ou particulièrement excitables dont nous nous
occupons ici. La nécessité d'un choix raisonné
s'impose. M. Fernand Lagrange [1], dont la compé-
tence pour tout ce qui touche à la physiologie des
exercices du corps est universellement reconnue, a
fait à ce propos une série de remarques d'une
originalité et d'une justesse incontestables. Il est
certain que personne, avant lui, ne s'était demandé
si les méthodes de gymnastique les plus en honneur
aujourd'hui, et notamment celles préconisées par
l'Académie de médecine, « mouvements réglés et
prescrits, gymnastique avec appareils, exercices
de tout genre », étaient bien les plus capables de
donner aux muscles des écoliers l'activité qui leur

1. Fernand Lagrange, *Physiologie des exercices du corps*,
Paris, 1888.

manque, sans imposer un surcroît de fatigue à
leur cerveau déjà plus ou moins surmené. Les
études auxquelles M. F. Lagrange s'est livré à ce
sujet l'ont conduit précisément à reconnaître que
dans la plupart des modes d'exercices en usage
dans les lycées et collèges, le cerveau est obligé
d'entrer en jeu et de travailler autant que les
muscles. Le jeu des armes est le type des exercices qui fatiguent bien plus les centres nerveux
que la musculature des membres. Durant l'assaut le tireur se tient constamment aux aguets.
Alors même qu'il semble être au repos, son cerveau et ses nerfs sont sous le coup d'une tension
excessive. L'esprit toujours en éveil, dans un
effort d'attention soutenue, guette le moment
de l'attaque ou de la riposte. Tous les muscles
sont maintenus dans un état d'excitation latente,
d'immobilité active, propice à une action rapide,
qui n'est plus le repos et qui n'est pas encore le
mouvement. On conçoit aisément que ce travail de
coordination préalable exige une grande dépense
de force nerveuse, et « cette dépense acquiert quelquefois des proportions plus grandes encore dans
certaines phases du jeu où l'on doit exécuter non
plus un mouvement simple, tel que l'extension du
bras en droite ligne, mais une série d'actes musculaires combinés, tels qu'une parade composée, suivie d'une riposte. Dans ce cas il faut qu'à un moment donné plusieurs mouvements compliqués se

succèdent rapidement et se confondent en un seul acte musculaire aussi précis que soudain. L'exécution d'une phrase d'escrime prend alors tout à fait le caractère d'une opération intellectuelle. » C'est, en d'autres termes, un travail « de tête » que le tireur accomplit et ceux qui connaissent, pour l'avoir éprouvée, la sensation de *fatigue nerveuse* qui succède aux séances d'escrime, conviendront qu'elle ressemble non pas à l'accablement qu'on ressent après une grosse dépense de force matérielle, mais à l'épuisement qui suit, dans l'ordre moral, tout effort soutenu de la volonté, « quand, par exemple, on a lutté longtemps pour repousser la pression d'une volonté étrangère, ou bien quand on a tenu l'esprit énergiquement tendu sur la solution d'un problème difficile ». Lorsqu'elle est poussée trop loin, cette fatigue nerveuse peut se traduire encore par une surexcitation passagère s'accompagnant parfois d'insomnie. C'est pourquoi l'escrime au fleuret, le jeu du bâton, la boxe et tous les exercices de même ordre qui impliquent une lutte, ne sauraient convenir aux enfants dont le cerveau travaille et notamment à ceux qui, doués d'un tempérament nerveux, sont facilement excitables. Ils s'opposent, il est vrai, aux effets de la sédentarité, mais ils ébranlent trop vivement le système nerveux et, au lieu de reposer l'esprit, aident au surmenage cérébral.

La gymnastique d'*agrès*, c'est-à-dire les exercices qui se pratiquent au trapèze, à la barre fixe, aux anneaux, aux barres parallèles, présente aussi de sérieux inconvénients. Elle est en général peu attrayante. Elle ne met guère en jeu que la musculature des bras ; elle peut donner lieu à des déformations (développement excessif des muscles de l'épaule et des bras, déviations de la colonne vertébrale, voussure du dos). Les mouvements qu'elle exige sont surtout des mouvements difficiles, de véritables tours de force. Or les effets généraux d'un exercice sont proportionnels à la dépense de force que nécessite cet exercice et non aux difficultés que présentent les détails de son exécution. La plupart des mouvements que les élèves des lycées s'efforcent d'exécuter pendant « la classe de gymnastique », sous l'œil de leurs moniteurs, demandent en effet plus de science que de travail musculaire et leur difficulté consiste surtout à trouver par tâtonnements ou par méthode les muscles qu'il faut faire agir. On ne doit donc pas, en se plaçant au point de vue hygiénique, donner la préférence à ces exercices qui ne sont que savants, et délaisser, comme on le fait, les exercices véritablement violents mais dans lesquels la force musculaire se dépense sans qu'il soit besoin d'en calculer laborieusement l'emploi ; la gymnastique telle qu'elle s'*enseigne* aujourd'hui en France dans nos établissements d'éducation, demande à celui qui s'y livre un véritable travail d'esprit et met en jeu bien plus ses facultés psychiques que sa force musculaire. Les sujets dont le cerveau subit déjà d'assez fortes dépenses par le fait du travail intellectuel ne sont donc pas ceux auxquels conviennent les *exercices difficiles*. Nous venons de voir quels sont les exercices du corps qu'il faut éliminer du programme d'éducation physique. Voyons maintenant quels sont ceux qu'il faut recommander aux enfants et aux jeunes gens entachés de nervosisme ou d'arthritisme et que nous avons surtout en vue. Ces exercices doivent réunir les différents caractères que voici :

(*a*). Ils doivent être faciles, en d'autres termes, ne pas imposer au sujet qui les exécute un long apprentissage et par conséquent une tension cérébrale soutenue. S'ils ne remplissent pas cette condition, ils peuvent produire soit l'éréthisme nerveux, soit l'épuisement.

(*b*). Ils doivent nécessiter un travail musculaire assez intense, produire un essoufflement *modéré*. Alors ils favorisent avec le développement du thorax, l'oxygénation du sang et la régularité de la nutrition, seuls effets utiles de l'exercice physique lorsqu'on se propose d'obvier par lui aux effets de la sédentarité (défaut d'oxygénation, ralentissement de la nutrition, etc.).

(*c*). Offrir un attrait suffisant et, autant que possible, s'accomplir en plein air.

Or, les exercices les plus faciles, les plus instructifs, ce sont les marches, les promenades, la
course, les poursuites et les vieux jeux français
« de barres », « de balle », « de saute-mouton »,
le saut à la corde pour les jeunes filles, etc.
Ces exercices de vitesse conviennent surtout aux
enfants qui n'ont pas atteint la quinzième année.
Après cet âge, les jeunes gens se livrent plus
volontiers aux exercices dits de sport, qui ont
généralement plus d'attrait pour eux. Parmi ces
exercices, le jeu de l'aviron si facilement appris,
le cyclisme, nous paraissent particulièrement favorables. L'apprentissage qu'ils exigent n'est jamais
bien long. La période d'initiation une fois fran-
chie, ils ne nécessitent plus que des mouvements
rythmés *et automatiques*, si bien que tout en
produisant « la soif d'air » et les inspirations
profondes, ils permettent le repos complet du cerveau. La fatigue qu'ils déterminent est franche-
ment musculaire et ils combattent ainsi à la fois
les inconvénients de la sédentarité et ceux du
surmenage intellectuel.

III. *Hygiène de la peau. — Hydrothérapie.* —
Dès leur plus jeune âge, les enfants issus de nerveux doivent être accoutumés aux pratiques de
l'hydrothérapie. Les ablutions froides, les douches, les bains en piscine, les bains de mer ou de
rivière suivis de frictions, seront (à moins qu'il

existe des contre-indications particulières) toujours d'un heureux effet. L'action à la fois sédative et tonifiante exercée par les pratiques hydrothérapiques sur le système nerveux est trop
connue, pour que nous ayons à insister longtemps
sur leurs propriétés hygiéniques.

IV. *Alimentation*. — Il va sans dire que la plupart des sujets héréditairement prédisposés au
nervosisme ne doivent nullement être soumis à
un régime alimentaire spécial. Nous devons rappeler cependant qu'il convient de leur imposer un
usage extrêmement modéré des boissons alcooliques. Une réglementation particulière de l'alimentation n'est nécessaire que pour ceux qui, nés
de parents arthritiques, goutteux ou lithiasiques,
ont déjà présenté eux-mêmes quelques manifestations pathologiques de même origine (eczéma,
tendance à l'obésité, etc.).

CHAPITRE III

Éducation morale.

Cette partie de l'éducation est assurément la plus importante et cependant la plus négligée. C'est à elle qu'il appartient de développer chez l'enfant cet ensemble de qualités morales qui font les caractères énergiques et bien équilibrés, c'est-à-dire capables de résister fermement à l'action dissolvante des peines afflictives et des passions dépressives, origine réelle de tant de cas de neurasthénie. Elle seule peut lui donner, avec une volonté forte, la confiance en soi, un jugement ferme, en un mot tous les attributs de la force et de la santé morales. Malheureusement elle est presque toujours livrée au hasard. Les parents mêmes n'ont pas, le plus souvent, une idée exacte du but de l'éducation, surtout quand les enfants sont encore très jeunes. « Quel est, dit plaisamment M. Guyau, l'idéal moral proposé à la plupart des enfants dans la famille ? Ne pas être trop bruyant, ne pas se mettre les doigts dans le nez ni dans la bouche, ne pas se servir à table avec les mains, ne pas mettre, quand il pleut, les pieds dans l'eau, etc. Être raisonnable! Pour bien des parents l'enfant raisonnable est une petite marionnette qui ne doit bouger que si on en tire les fils... » La remarque est juste et, l'on en conviendra, c'est perdre un temps précieux que de consacrer à un pareil dressage les premières années de l'enfant; ce n'est pas l'éduquer que de le diriger ainsi. On comprend aisément que dans ces conditions les mauvais instincts que les enfants ont hérités de leurs proches se donnent libre carrière. Tous les travers du caractère, la volonté débile et capricieuse, l'entêtement, l'égoïsme, la sujétion aux impulsions et à la colère, etc., se développeront chez eux d'autant plus que, fils de déséquilibrés, de névropathes, ils auront souvent sous les yeux l'exemple toujours contagieux des défauts, des travers moraux de leurs parents eux-mêmes.

Pour être efficace, l'éducation morale doit s'exercer dès le premier âge, durant cette période où l'esprit de l'enfant est particulièrement apte à recevoir les impressions qui lui viennent du dehors et d'en conserver l'empreinte. Ce n'est pas sans raison qu'on a pu comparer l'état de l'enfant au moment où il vient au monde à celui d'un hypnotisé : même absence d'idée de part et d'autre, même domination d'une seule idée ou monoï-

déisme passif. Si tous les enfants ne sont pas hypnotisables, comme on l'a prétendu, ils sont particulièrement ouverts à la suggestion à l'état de
veille. Nous entendons par là qu'ils se montrent
parfaitement dociles à toutes les incitations qu'ils
reçoivent de leur entourage. Tout ce qu'ils
sentent, tout ce qu'ils perçoivent s'impose à leur
esprit et peut devenir le point de départ d'une
habitude qui se propagera peut-être pendant la vie
entière. Cette suggestion-là diffère de la suggestion hypnotique par maints caractères importants
que nous n'avons pas à définir ici, mais elle est
susceptible de produire des sensations et des
sentiments, des idées, des volitions, des actes
enfin et de créer chez l'enfant par leur répétition
des instincts, des habitudes. La suggestion peut
donc être employée comme un moyen d'éducation
morale, et comme un modificateur puissant des
tendances héréditaires. Nous croyons en tout cas
qu'elle doit être un des grands ressorts de l'éducation morale des enfants prédisposés, parce que
ces sujets sont particulièrement impressionnables
et sensibles aux impulsions suggestives qui leur
sont communiquées. On a très justement défini la
suggestion : « l'introduction dans l'esprit d'une
croyance pratique qui se réalise elle-même »
(Guyau). Il s'ensuit que toute l'éducation morale
doit tendre à ce but : convaincre l'enfant qu'il est
capable du bien et incapable du mal afin de lui

donner la puissance de faire le bien, l'impuissance de faire le mal; lui faire croire qu'il a une volonté forte, qu'il est maître de soi, afin de lui communiquer la force et, à la longue, l'habitude de vouloir et de se commander à lui-même.

L'estime témoignée en public est une des formes les plus puissantes de la suggestion moralisatrice. Déclarer aux enfants qu'on leur suppose telle ou telle qualité, c'est bien souvent les amener à faire tous leurs efforts pour justifier la bonne opinion qu'on a d'eux, aussi faut-il leur communiquer le plus possible la conscience précoce de leurs bons penchants, leur supposer toujours les qualités qu'on leur souhaite, les croire capables de bonté, de bonne volonté. Par contre, l'éducateur doit éviter avec soin de donner à l'enfant « la formule de ses mauvais instincts ». Dire à haute voix en présence d'un enfant qu'il est paresseux, incapable de faire ceci ou cela, c'est souvent lui suggérer, avec la croyance qu'il est incapable d'application, le défaut même qu'on voudrait supprimer. Pour la même raison il ne faut jamais, lorsqu'il a commis quelque action blâmable, interpréter cette action dans le sens le plus mauvais. Le jeune enfant est trop inconscient pour avoir une intention forcément perverse; lui prêter la volonté arrêtée, la résolution de mal faire, c'est le juger injustement et souvent développer en lui un mauvais instinct avec le sentiment qu'il peut de propos délibéré accomplir une méchante action. Il vaut mieux en pareil cas lui déclarer qu'il s'est *trompé*, qu'il n'a pas entrevu les conséquences auxquelles son acte eût pu aboutir, etc.

On doit de bonne heure accoutumer l'enfant à avoir confiance en lui-même. Il faut pour cela que tous ceux qui l'entourent, l'encouragent et acceptent avec bienveillance tout ce qu'il fait ou dit de bonne volonté, sauf à lui faire entendre doucement, s'il y a lieu, qu'en s'y prenant de telle ou telle sorte il eût mieux fait, mieux réussi. Il est de la plus haute importance que la timidité ne s'empare pas de lui. Rien n'est plus propre à lui ôter la confiance en soi que de lui déclarer brutalement qu'il ne comprend pas, qu'il ne *sait pas*, qu'il ne *peut pas* faire telle ou telle chose, que de se moquer de ses tentatives... « L'homme, dit Pascal, est ainsi fait qu'à force de lui dire qu'il est un sot, il le croit; et à force de se le dire à soi-même, on se le fait croire. Car l'homme fait lui seul une *conversation intérieure* qu'il importe de bien régler... » Or, l'enfant est à cet égard tout à fait semblable à l'homme. L'éducation doit donc lui persuader toujours qu'il *pourra comprendre* et qu'il *pourra faire* ceci ou cela et lui savoir gré du moindre effort.

Il faut encore habituer l'enfant à *vouloir* et à accomplir ce qu'il a voulu, à persévérer dans l'effort, en un mot à pouvoir. C'est pour cela qu'il est bon de lui imposer une *tâche*. Mais cette tâche doit être pendant longtemps au-dessous de ses forces et ne s'accroître que proportionnellement à leur développement. Si cette condition n'est pas remplie, si l'enfant se sent toujours inférieur à sa besogne, la tâche qu'on lui impose, au lieu d'être un exercice salutaire, un entraînement de sa volonté et de son attention, ne servira qu'à le convaincre de son impuissance et à le décourager. Il perdra peu à peu toute confiance en ses facultés, et doutera de lui-même; et ce sentiment une fois grandi et installé dans sa conscience, pourra être chez lui l'origine de cette paralysie morale qu'on appelle l'*aboulie*.

Contre les mauvais instincts, contre les impulsions le remède le plus sûr c'est encore la suggestion par le précepte et par l'exemple. Pour apprendre aux enfants à être fermes il faut qu'on soit ferme à leur égard. Ils admirent la force de volonté chez les autres de même qu'ils admirent la force physique, et comme ils se modèlent toujours sur les personnes qui les entourent, leur donner l'exemple de la fermeté, avoir de la volonté, c'est encore les rendre fermes et fortifier leur volonté. Mais il faut de toute nécessité leur faire comprendre une fois pour toutes que les ordres qui leur sont donnés sont raisonnables, qu'ils n'ont d'autre but que leur bien et les accoutumer ainsi à obéir de confiance quand la raison des actes qu'on leur commande échappe à leur entendement. Pour obtenir d'eux ce consentement habituel à l'obéissance, il faut que les éducateurs quels qu'ils soient fondent l'*autorité*. Or il ne s'agit pas de briser la volonté des enfants par une sorte de dressage mécanique, mais bien de la *diriger*, en évitant toujours qu'elle entre en lutte avec la volonté des parents.

Quelle est donc la véritable autorité et de quelle manière doit-elle s'exercer? Dans son beau livre sur l'hérédité et l'éducation, Guyau en a donné une formule heureuse. « L'autorité, écrit-il, se compose de trois éléments : 1° l'affection et le respect moral; 2° l'habitude de la soumission, habitude née de l'exercice même; 3° la crainte. Chacun de ces éléments entre dans le sentiment d'autorité, mais doit être subordonné à celui d'affection. L'affectuosité rend inutile l'autorité dure, le châtiment. » L'enfant qui a besoin de châtiment manque d'affection, et c'est par l'amour qu'on lui porte, qu'on peut en retour faire naître chez lui ce sentiment. L'affection des parents d'ailleurs doit toujours être pour lui une récompense qu'il doit mériter par sa conduite et une récompense supérieure à toute autre. Le respect n'est qu'une forme de ce sentiment. Reste la crainte. Le châtiment qui l'inspire doit être toujours juste, et il convient de ne l'utiliser qu'à titre de sanction exceptionnelle, exclusivement réservée aux fautes graves, aux rébellions ouvertes.

C'est le caractère d'exception qui fait le châtiment efficace. Multiplier les réprimandes et les corrections, c'est leur ôter toute vertu réformatrice sur l'esprit de l'enfant. Lorsqu'il pèche à nouveau peu de temps après avoir été puni, le mieux est de fermer les yeux, de paraître ne pas voir l'intention mauvaise, de changer brusquement de ton, de distraire l'enfant « et de faire ainsi avorter le méfait ». Le châtiment, qu'il soit corporel ou autre, doit toujours être administré sans brutalité, sans colère, sans quoi l'enfant prenant exemple de son maître se montrera à son tour brutal et coléreux. Il faut enfin avoir soin de donner à la punition une couleur morale, car ce n'est pas la peur du châtiment en lui-même qu'il faut faire naître dans l'esprit de l'enfant, mais bien le regret moral de l'avoir mérité.

La mauvaise humeur, la tristesse, le pessimisme, l'égoïsme, sont des travers de caractère fréquents chez les névropathes, chez les déséquilibrés. Ces sentiments d'insociabilité se retrouvent en germe dans certains états d'esprit de l'enfant en apparence peu graves, mais qu'il faut réprimer de bonne heure.

La bouderie n'est en effet qu'une première manifestation de l'insociabilité. L'enfant qui boude, se donne le plaisir de déplaire à qui le contrarie, et la satisfaction d'amour-propre de tenir en échec la volonté d'autrui sans s'avouer vaincu par elle.

En le laissant s'habituer à bouder après chaque réprimande, on l'habitue à rester sur la faute commise sans faire aucun effort pour la réparer et par conséquent sans remords. Il faut donc accoutumer les enfants à se réconcilier bien vite avec la personne qui les a grondés. Ils s'habituent ainsi à ne plus pouvoir supporter l'idée « d'être fâchés » avec qui que ce soit ; à désirer la réparation de leur faute, ce qui est une des formes du remords actif, à attendre ardemment le mot qui réconcilie et qui donne la paix du cœur.

La mauvaise humeur est bien souvent le fait de l'éducation. L'enfant que l'on accable de reproches incessants, que l'on contrarie inutilement, à tout propos, se replie sur lui-même, se prend à ramasser ses peines, ses chagrins ; il s'habitue peu à peu à la tristesse, et plus tard sera plus enclin que tout autre au pessimisme, à la dépression morale, au découragement.

Il est un autre travers d'esprit qu'il importe de combattre dès l'enfance, c'est la vanité, qui contient en germe la préoccupation exclusive du moi si commune chez les hypocondriaques, chez les neurasthéniques héréditaires.

L'*émotivité* excessive est un défaut commun à la plupart des enfants issus de souche névropathique et dont il faut à tout prix entraver le développement. L'émotivité dépend bien certainement d'une disposition native du système nerveux

qui fait que le moindre choc moral, la plus petite
contrariété, provoque dans les centres nerveux
un retentissement douloureux qui se répercutant
dans tous les organes y produit cet ensemble
complexe d'impressions pénibles qui réalise l'émotion. Mais c'est là encore une tendance que l'on
peut enrayer et même éteindre par une éducation physique et morale sagement conduite, de
même qu'on la cultive et l'accroît naturellement
lorsqu'on néglige de lui faire obstacle. Pour
atteindre ce but, divers moyens doivent être mis
en œuvre. L'éducation de la volonté, en fortifiant
les centres cérébraux modérateurs des effets
réflexes, y contribue déjà pour une bonne part;
l'éducation physique, les exercices du corps, les
pratiques hydrothérapiques en tonifiant le système nerveux, en atténuent également l'impressionnabilité. Au contraire, rien n'est plus perni-
cieux que les récits terrifiants, les descriptions
fantastiques de bêtes monstrueuses que l'on inflige
à l'imagination des enfants. En agissant ainsi
on cultive en eux le sentiment de la peur et bien
souvent les terreurs nocturnes; les hallucinations
hypnagogiques qui les secouent dans leur premier
sommeil n'ont pas d'autre origine. Rien n'est plus
contagieux qu'un état émotionnel, c'est pourquoi
il importe, quand ils sont parvenus à un âge plus
avancé, que leurs parents ou leurs éducateurs les
tiennent soigneusement à l'écart de leurs propres

émotions, qu'ils ne leur donnent jamais le spectacle de leurs angoisses, de leurs craintes, de leurs mouvements de colère. En d'autres termes, les enfants ne doivent pas être mêlés de bonne heure à la vie des personnes qui les entourent. Il faut les soustraire à tous les milieux où abondent les causes d'excitation et d'émoi. Dans les villes les réunions mondaines, les spectacles dramatiques, le théâtre doivent leur être interdits jusqu'à la douzième ou la quinzième année.

A l'époque de la puberté, les sujets prédestinés par leurs tares héréditaires aux impulsions morbides de toutes sortes seront l'objet d'une surveillance particulièrement attentive. L'éveil de l'instinct et des désirs sexuels trouble profondément l'équilibre du système nerveux chez ces adolescents. La plupart d'entre eux s'adonnent aux pratiques de l'onanisme d'une manière abusive et c'est là bien souvent, nous l'avons vu en étudiant les causes de la neurasthénie, un facteur puissant de l'épuisement nerveux. Les enfants élevés dans le milieu familial peuvent être préservés de ce travers, si aux approches de la puberté on a soin de les détourner de tout ce qui peut attirer leur attention sur les fonctions sexuelles, de tout ce qui peut être une cause d'excitation génésique. Mais dans les collèges, dans les internats, ces moyens préventifs sont irréalisables et le mieux est d'atténuer dans la mesure du possible un mal qu'on ne peut empêcher. On y parviendra par une surveillance rigoureuse de tous les instants, en mettant en œuvre l'action toujours sédative des exercices physiques, des pratiques de l'hydrothérapie. Enfin il est bon que les sujets héréditairement prédisposés, parvenus à l'âge adulte, prennent une profession. Toute profession acceptée correspond en effet au point de vue moral à un ensemble de suggestions constantes et coordonnées qui nous poussent à agir conformément à une idée directrice et nous imposent à chaque instant, en dépit de nos passions individuelles ou de nos inclinations héréditaires, une règle de conduite conforme à notre état.

CHAPITRE IV

Hygiène prophylactique chez l'adulte.

Les mesures de l'hygiène préventive applicables aux adultes se déduisent tout naturellement de l'étude des causes provocatrices ou déterminantes de l'épuisement nerveux. Nous ne saurions les énumérer ici parce qu'elles se confondent avec les règles de l'HHYGIÈNE INDIVIDUELLE et PROFESSIONNELLE en général. Et d'ailleurs les grandes causes de la neurasthénie sont à peu près inéluctables. Comment empêcher le surmenage moral, origine de tant de cas d'épuisement nerveux? Mais ce surmenage est devenu en quelque sorte une condition nécessaire de la vie de notre époque. La connaissance des raisons supérieures qui l'imposent aux générations actuelles, l'étude des moyens propres à l'atténuer, à l'empêcher d'être, échappent évidemment au contrôle de l'hygiène proprement dite. Elles sont bien plutôt du ressort de la sociologie. Herbert Spencer, dans ses commentaires philosophiques sur la vie sociale des Américains, semble

avoir perçu d'une vision sûre les causes profondes de cette suractivité, de cette existence à
haute tension où s'épuisent les classes laborieuses
des grands centres industriels et commerciaux.
« On rencontre, dit-il, dans toutes les sphères, des
hommes qui ont souffert d'épuisement nerveux
par suite de désastres financiers, ou qui avaient
des amis qui s'étaient, les uns, tués par surmenage d'affaires, ou étaient réduits à une incapacité permanente ou avaient passé de longues
périodes de temps à essayer de recouvrer la santé.
Cette vie à haute pression fait un mal immense.
Le physique en est rongé intérieurement. En
outre cet attachement exclusif au travail a pour
résultat que les amusements cessent de plaire et
que lorsque le délassement s'impose il a perdu
tout attrait. La satisfaction de gagner de l'argent
dévorant, étouffant presque toutes les autres satisfactions, il n'y a plus cet abandon à l'heure présente qui est requis pour la jouissance complète ;
cet abandon est empêché par le sentiment
toujours présent des responsabilités nombreuses ;
de sorte que en dehors du mal physique causé
par l'excès de travail, il y a en outre le mal qui
détruit la valeur de ce qui serait autrement le
charme de la vie. » Après avoir analysé les causes
sociales et politiques de cette excessive activité,
de cette course acharnée à la fortune, Spencer
en vient à déclarer que nous avons besoin de

reviser l'idéal de la vie, que si nous regardons dans le passé, nous trouvons que cet idéal varie avec les conditions sociales. Chacun sait qu'être un guerrier victorieux était le but le plus élevé chez les peuples remarquables du passé, comme cela l'est encore chez beaucoup de peuples actuels. Alors la véritable affaire de l'homme consistait à se battre. Nous avons changé tout cela dans nos sociétés modernes. Avec le développement de la vie industrielle le devoir de travailler a remplacé le devoir de combattre. « En pratique, les affaires se sont substituées à la guerre. »

Cet idéal moderne doit-il survivre dans l'avenir? Il est permis d'en douter. Il est approprié aux siècles où la conquête de la terre et l'assujettissement des forces de la nature à l'usage de l'homme sont le besoin prédominant. « Mais, écrit Spencer [1], plus tard, quand ces deux fins auront été réalisées, l'idéal formé différera probablement beaucoup de l'idéal actuel... J'aimerais soutenir que la vie n'est pas pour le savoir ni pour le travail, mais que le savoir et le travail sont pour la vie. Dans les affaires humaines partout se fait sentir la tendance à transformer les moyens en fins. Nous voyons tous l'avare faire cela, accumulant de l'argent pour sa seule satisfaction et oubliant que l'argent n'a de valeur que parce qu'il achète des satisfactions. Mais nous

---

1. Spencer, *loc. cit.*

ne voyons pas si clairement d'ordinaire que c'est tout aussi vrai du travail par lequel l'argent est accumulé et que l'activité aussi, soit mentale, soit corporelle, n'est qu'un moyen, et qu'il est tout aussi irrationnel de la rechercher à l'exclusion de la vie complète à quoi elle sert, qu'il l'est pour l'avare d'accumuler de l'argent dont il ne fera rien. Espérons donc que plus tard, quand ce siècle de progrès matériel aura donné aux hommes tous les bénéfices qu'ils peuvent en attendre, il y aura une meilleure distribution du travail et de la jouissance. En somme il ne faut pas exploiter sa vie. On abuse de l'évangile du Travail. » Il serait temps de passer à « l'évangile du Délassement ».

SIXIÈME PARTIE

HYGIÈNE THÉRAPEUTIQUE

CHAPITRE I

Généralités.

Dans le chapitre précédent consacré à l'hygiène prophylactique, nous avons dû nous borner à indiquer les principes qui devraient régir, selon nous, l'éducation physique et morale des sujets héréditairement prédisposés à l'asthénie nerveuse. C'est en effet dans une bonne éducation que nous paraît résider la prophylaxie la plus sûre de l'épuisement nerveux. L'âge adulte, qui est celui de la lutte pour la vie, est fatalement exposé aux multiples et diverses influences productrices des états neurasthéniques : les soucis, les passions, les revers, les maladies sont autant de causes, que le meilleur code d'hygiène prophylactique ne saurait supprimer; les règles prohibitives qu'on pourrait formuler contre elles n'auraient aucune valeur pratique parce que ces éléments étiologiques font partie intégrante de la vie elle-même. Aussi le seul parti possible est-il de préparer les hommes par une éducation forte à en supporter victorieusement le choc.

Nous devons maintenant étudier les différents moyens d'ordre hygiénique que l'on peut mettre en œuvre lorsqu'on se propose d'obtenir la guérison des états neurasthéniques confirmés. L'expérience a montré que le meilleur traitement de la neurasthénie est celui qui consiste en une sage réglementation de l'hygiène du malade. C'est en effet à la mise en œuvre méthodiquement combinée des divers agents dont l'hygiène dispose, qu'il convient de recourir à peu près exclusivement dans la très grande majorité des cas; la médication pharmaceutique ne doit jouer ici qu'un rôle tout à fait secondaire. Nous montrerons d'ailleurs que l'emploi des substances médicamenteuses est souvent plus nuisible qu'utile, qu'il peut tout au moins contrarier l'action de la thérapeutique hygiénique, et nous rechercherons dans quelle mesure il est susceptible d'aider à l'influence curative de cette dernière, qui doit toujours constituer la partie essentielle et fondamentale du traitement.

Les causes de la neurasthénie et les modalités cliniques qu'elle peut revêtir sont, nous l'avons vu, extrêmement nombreuses et il est clair que la formule des prescriptions hygiéniques qui conviennent à chaque cas particulier est elle-même variable, qu'elle peut différer sensiblement d'un sujet à un autre. C'est pourquoi, nous ne saurions trop le répéter, il est indispensable de préciser pour chaque malade, par une enquête approfondie, les causes réelles de son affection, les troubles fonctionnels par lesquels elle s'accuse, et le degré d'importance de chacun d'eux. Cela étant dit, il est évident que nous ne saurions indiquer ici en détail toutes les variantes de traitement que la diversité des cas cliniques comporte. Aussi nous bornerons-nous à exposer : 1° l'hygiène générale des neurasthéniques , en ayant plus particulièrement en vue la neurasthénie cérébro-spinale qui répond en réalité au type le plus commun de la névrose, et 2° les indications thérapeutiques spéciales à quelques-unes de ses principales formes cliniques.

CHAPITRE II

Hygiène générale des neurasthéniques.
Psychothérapie.

Dans ces chapitres relatifs à l'hygiène générale des neurasthéniques, nous rechercherons successivement quelle doit être l'alimentation des malades, quels climats leur sont plus particulièrement favorables, quels avantages ils peuvent retirer de l'hydrothérapie, du massage et des exercices gymnastiques; enfin quelle doit être l'hygiène morale ou, si l'on peut ainsi dire, la diététique mentale de cette catégorie de sujets.

Tous les auteurs s'accordent aujourd'hui à reconnaître l'importance de la psychothérapie dans le traitement de l'asthénie nerveuse. Et cependant ce sujet a été presque toujours sacrifié dans les traités ou les monographies. Nous pensons avec M. Strümpel, avec M. Bouveret, que l'action morale exercée par le médecin et le milieu sur le neurasthénique, constitue un des plus puissants agents thérapeutiques que l'on puisse mettre en œuvre. C'est pourquoi nous l'étudierons ici en premier lieu.

Hygiène morale. — Psychothérapie. — Suggestion hypnotique. — En exposant les causes et les symptômes de la neurasthénie nous nous sommes efforcés de mettre en relief le rôle dévolu aux peines morales, aux passions tristes dans la pathogénie de la névrose, et l'importance de l'état de dépression mentale dans lequel vivent la plupart des neurasthéniques, quelle qu'ait été d'ailleurs la cause productrice de leur maladie. La déchéance de l'énergie psychique, de la volonté, la tendance au découragement, aux idées tristes, aux préoccupations hypocondriaques suscitées et entretenues par les sensations pénibles dont ils sont tourmentés, tels sont, avons-nous dit, les traits essentiels de la physionomie morale de ces malades. Nous avons insisté, comme il convenait, sur leur impressionnabilité, sur la facilité avec laquelle ils obéissent aux excitations diverses qui leur viennent soit d'eux-mêmes, soit de leur entourage, en un mot sur leur suggestibilité. Suggestionnables à l'état de veille, ils le sont en effet presque tous, bien qu'à degrés variables. Conséquence directe de l'affaiblissement de leur personnalité morale, cette suggestibilité est assurément une condition fâcheuse, puisqu'elle les livre à peu près sans défense à l'influence le plus souvent déprimante qu'exercent sur leur esprit, leurs troubles fonctionnels et le milieu même dans lequel leur maladie s'est développée. Mais en revanche elle permet au médecin d'agir d'une manière favorable sur l'état mental de ces sujets, de les réconforter moralement, de leur rendre le courage et la confiance qu'ils ont perdus en écartant de leur esprit les craintes, les idées tristes, les obsessions hypocondriaques qui ont engendré l'épuisement nerveux ou qui concourent pour une large part à son entretien.

Le traitement psychique des neurasthéniques ne consiste pas seulement dans l'influence morale réconfortante que le médecin est appelé à exercer sur le malade par ses paroles et par son attitude. Indépendamment de cette action directe du médecin sur le patient, il existe tout un ensemble d'influences psychiques dont la valeur thérapeutique n'est pas moindre et qu'il faut bien connaître : nous voulons parler des incitations suggestives que communique à l'esprit du malade la mise en œuvre des diverses mesures hygiéniques qui interviennent dans le traitement général de l'épuisement nerveux. L'isolement, le séjour à la campagne, sous un climat favorable, l'hydrothérapie, l'électricité, tous ces agents hygiéniques et thérapeutiques qui semblent s'adresser uniquement à l'état organique du patient, agissent aussi sur son état mental. Nous ne prétendons pas que ces agents physiques, tels que l'eau ou l'électricité, par exemple, soient exclusivement redevables de leurs effets thérapeutiques à l'influence suggestive qu'ils exercent sur l'esprit des névropathes ; mais il est certain que cette influence est considérable. C'est pourquoi nous devons ici envisager successivement :

1° L'action psychothérapique des différentes mesures d'hygiène que comprend le traitement général de la neurasthénie ;

2° Le rôle psychothérapique du médecin.

Nous examinerons ensuite quelle est la valeur de la suggestion hypnotique dans le traitement des états neurasthéniques.

1° Influence psychique des différentes mesures d'hygiène utilisées dans le traitement général de la neurasthénie (Psychothérapie indirecte). — L'action bienfaisante qu'exerce sur le moral des neurasthéniques la mise en œuvre des différents moyens hygiéniques que nous envisagerons successivement dans les chapitres ultérieurs est incontestable ; elle constitue un appoint précieux dans le traitement psychique de cette catégorie de malades. L'isolement, l'éloignement du milieu où s'est développé l'état névropathique, le séjour à la campagne, ou dans un établissement spécial, l'hydrothérapie, l'électricité, tous ces agents thérapeutiques n'influencent pas seulement l'état somatique des patients; mais par des procédés fort dissemblables, ils agissent aussi d'une manière favorable sur leur état mental. On peut même affirmer que c'est à cette action morale qu'ils doivent la meilleure part de leur puissance curative.

En s'isolant de sa famille, en s'éloignant du milieu dans lequel sa neurasthénie s'est constituée, soit qu'il séjourne à la campagne dans un site agréable ou qu'il s'installe dans un établissement spécial, le malade surmené réalise aussitôt une réforme qui est particulièrement favorable au rétablissement de son équilibre moral. Il se soustrait aux excitations, aux causes de fatigue inhérentes à l'exercice de sa profession, quelquefois aux soucis, aux chagrins ou bien aux excès de toutes sortes auxquels il était exposé dans le milieu social où il a vécu jusqu'alors ; en un mot, il écarte ainsi de son esprit tous les facteurs de surmenage et de dépression morale qui ont engendré l'état névropathique ou concouru à l'entretenir. Il cesse d'avoir constamment présentes aux yeux les choses et les êtres au milieu desquels il a longtemps souffert et auxquels se sont étroitement associés le souvenir et la pensée de ses troubles et de ses misères quotidiennes. En s'éloignant de son entourage habituel, le malade échappe encore aux soins souvent trop attentifs, aux questions incessantes dont l'accablent ses proches sur sa santé, sur tel ou tel symptôme de son mal ;

il s'évade en quelque sorte de cette atmosphère morale faite de sollicitude et de commisération et quelquefois aussi d'ironique indifférence, où se cultivent si bien sa dépression mentale et l'irritabilité de son caractère. En rompant brusquement avec ses habitudes, le neurasthénique, s'il est soumis, en son nouveau séjour, à l'influence réconfortante d'un climat approprié, de la vie calme des champs, renouvelle en quelque sorte son *imagerie* mentale et ses préoccupations hypocondriaques tendent à s'effacer. La discipline du traitement qui lui est prescrit redresse peu à peu l'énergie de sa volonté. Une personnalité nouvelle commence à se substituer à l'ancienne. Si dès ce moment le médecin vient exercer sur son esprit une influence suggestive, réconfortante et habilement conduite, les conditions essentielles du traitement psychique de l'état neurasthénique se trouveront réalisées.

L'isolement, c'est-à-dire le séjour dans un établissement spécial, et la séparation de la famille sont des éléments essentiels de la méthode systématique de M. Weir Mitchell, méthode que nous exposerons plus loin en détail. Mais cette mesure d'hygiène morale doit quelquefois être imposée, soit séparément, soit associée à d'autres moyens hygiéniques dans diverses formes de l'épuisement nerveux ; et nous devons ici indiquer brièvement dans quels cas elle nous paraît être tout à fait nécessaire. Il est clair qu'il est tout un groupe

de neurasthéniques que l'on peut traiter et guérir
en les laissant dans leur famille. Tels sont par
exemple ceux qui ont versé dans la forme légère
de l'épuisement nerveux à la suite de fatigues
corporelles excessives ou sous l'influence d'un surmenage intellectuel. Par contre, quelle qu'ait été
la cause de la neurasthénie, l'isolement prolongé,
la cessation de toute relation avec la famille doivent
être formellement prescrits au malade lorsqu'il
présente l'un des symptômes suivants : un abattement moral profond, de l'anorexie, des préoccupations hypocondriaques persistantes, des phobies,
des crises d'anxiété ; il en est de même lorsqu'aux
troubles fondamentaux de l'épuisement nerveux
sont venus s'ajouter une intoxication chronique,
l'éthylisme, la morphinomanie, la chloralomanie,
l'éthéromanie, etc. La déchéance morale, l'affaissement de la volonté qui accompagnent ou plutôt
d'où procèdent ces symptômes constituent le caractère fondamental de ces états névropathiques. Et ce
sont précisément ces altérations de la personnalité qui réclament impérieusement l'isolement du
sujet. D'une manière générale le médecin doit
encore exiger la séparation toutes les fois que
dans son enquête sur l'entourage du malade il
découvre du côté des personnes vivant dans l'intimité de celui-ci soit une tendresse exagérée, soit
une indifférence désobligeante, une inintelligence
irritante de ses malaises et de ses souffrances.

Il y a, avons-nous dit, dans l'ensemble des procédés hygiéniques ou thérapeutiques qui constituent habituellement le traitement de l'épuisement nerveux, un certain nombre d'agents physiques dont la mise eu œuvre peut influencer de la manière la plus heureuse l'état mental des malades. Au premier rang de ces procédés thérapeutiques qui sont susceptibles d'agir indirectement sur l'esprit du patient se place l'ÉLECTRICITÉ avec ses divers modes d'application. Il est certain que l'électricité statique (bains, douches, frictions, etc.) ou les courants continus, ou bien la faradisation, ont quelquefois soit amélioré sensiblement l'état général de quelques neurasthéniques, soit amené la disparition de tel ou tel symptôme marquant. Il est permis de penser que la plupart des succès que l'on compte à l'actif des méthodes électrothérapiques sont bien plus imputables à la disposition d'esprit dans laquelle les malades se sont soumis à ce genre de traitement qu'aux modifications organiques qu'il a pu apporter dans leurs centres nerveux. Il y a en effet des sujets qui pour une raison ou pour une autre sont convaincus d'avance de l'efficacité « du traitement électrique » ; ils ont foi en lui. D'autres, de culture moyenne, sont vivement impressionnés par cet agent physique de nature pour eux mystérieuse et puissante. Chez ces sujets pour ainsi dire préparés au miracle thérapeutique, l'étincelle ou l'effluve ont vite réalisé l'autosuggestion bienfaisante. M. Mœbius [1] estime que les quatre cinquièmes des succès obtenus par l'électrothérapie sont dus à l'action suggestive que ses pratiques exercent sur l'esprit des patients. Pour Eulenburg la proportion de cette catégorie de cas serait d'un cinquième seulement. Il nous paraît difficile d'établir en chiffres précis le bilan des succès électrothérapiques attribuables à l'action suggestive. Nous ne nions pas que l'électricité puisse rendre de réels services en dehors de toute influence morale, mais il nous semble, comme à beaucoup de bons observateurs, que son action psychothérapique est incontestable. Le devoir du médecin est donc de discerner justement les cas dans lesquels le malade est appelé à bénéficier de cet agent de suggestion indirecte et à l'appliquer alors avec tout le soin et tout le sérieux nécessaires.

L'HYDROTHÉRAPIE froide est encore un bon stimulant de l'énergie psychique. Un psychasténique à volonté débile qui s'astreint à se lever chaque jour à une heure précise pour recevoir un jet d'eau froide, exerce incontestablement sa faculté de vouloir. Il en est de même de la règle de vie imposée au patient par le médecin : la discipline du traitement auquel il est soumis

1. Mœbius, *Schmidts Jarbuch*, 1889.

réveille et raffermit progressivement la volonté
toujours somnolente. La régularité des heures de
repos, de sommeil, tout cela agit favorablement
sur le moral du malade. Il cesse de se morfondre
dans l'inactivité veule et la méditation de ses
maux qui lui sont coutumières ; il reprend peu à
peu confiance en lui-même et se prend de plus en
plus à croire à la guérison plus ou moins pro-
chaine de sa maladie. Ici se pose la question de
savoir si les neurasthéniques doivent s'abstenir de
tout travail intellectuel, et, dans le cas contraire,
dans quelle mesure et sous quelle forme le travail de l'esprit doit leur être permis. Il est évident
qu'il n'est pas possible de formuler à cet égard de
règle absolue. La conduite à tenir à ce sujet varie
naturellement d'un cas à l'autre ; elle dépend à la
fois et du neurasthénique et aussi de la cause
principale et de la forme même de sa neurasthénie.
Ainsi il est indiqué d'interdire non seulement tout
travail mental, mais même toute lecture, aux
malades qui ont versé dans la cérébrasthénie pure
à la suite d'un labeur intellectuel exagéré. Ces
surmenés s'améliorent vite sous l'influence du
repos de l'esprit et d'un séjour à la campagne
suffisamment prolongé, additionné de promenades et de quelques exercices physiques.

Par contre un malade devenu neurasthénique à
la suite de chagrins, de peines afflictives pourra
bénéficier d'un travail intellectuel quotidien, mais

modéré. Si durant une heure ou deux il applique chaque jour son esprit à un sujet d'étude ayant pour lui un attrait suffisant, il trouvera dans cette pratique une distraction efficace à ses préoccupations, un moyen de rompre le cours de ses soucis, de ses agitations douloureuses.

La plupart des malades, à l'exception toutefois de ceux qui, atteints de neurasthénie à forme grave, sont obligés à un repos complet du corps et de l'esprit, doivent être autorisés à s'adonner à la lecture durant une heure et demie au plus chaque jour. Le choix des livres est quelquefois très important et certains malades doivent être guidés dans leurs lectures. Ceci exige naturellement de la part du médecin une connaissance parfaite de l'état moral du patient, de ses tendances et de ses travers d'esprit, de son caractère, de ses préoccupations habituelles. Le moment de la journée auquel le malade se livre à la lecture n'est pas non plus indifférent : les neurasthéniques excitables, et plus particulièrement ceux qui souffrent d'insomnie, doivent s'abstenir de toute lecture dans les heures qui précèdent le coucher. Durant ces mêmes heures il importe également que les malades évitent les conversations longues roulant sur des questions qui les touchent de près ou qui les intéressent par trop vivement. Tous ces petits procédés d'hygiène morale relatifs au travail intellectuel, au temps de repos et d'activité

mentale à imposer au malade, sont souvent plus
efficaces qu'on ne pourrait le penser, et le médecin
qui dirige la cure doit se garder de les négliger
lorsqu'il en vient à tracer à son malade le programme d'existence qu'il devra suivre pendant la
durée du traitement.

Indépendamment de la lecture, il est un certain
nombre de distractions qu'il faut non seulement
permettre, mais encore conseiller à certaines neurasthéniques. Le dessin, la pratique de la pho-
tographie, la musique amusent, égayent ces
malades, surtout lorsqu'ils ont acquis un certain
talent dans l'exercice de ces arts d'agrément et
qu'ils sont susceptibles d'en tirer de sensibles
satisfactions d'amour-propre. Mais en ceci comme
en toutes choses, il importe de procéder avec
modération, d'éviter l'abus et surtout la fatigue.

Il est une règle d'hygiène psychique dont
l'importance nous paraît très grande et qui
malheureusement est souvent fort difficile à
appliquer dans la pratique courante : nous voulons parler du choix de la personne ou du petit
nombre de personnes avec lesquelles les malades
doivent entrer en contact journalier et avec lesquelles ils sont appelés à s'entretenir. Il n'est pas
bon que les neurasthéniques vivent dans la solitude. Ils la recherchent et s'y complaisent bien
souvent, soit parce que la présence d'une personne
importune leur paresse intellectuelle, leur apathie,

soit parce qu'elle les gêne dans leurs rêveries, dans leurs méditations tristes, leurs préoccupations hypocondriaques. C'est pourquoi il faut faire en sorte qu'ils aient souvent, disons constamment, près d'eux, durant les promenades et les heures de repos, une personne intelligente, garde-malade ou amie, qui sache habilement les intéresser et les distraire par ses propos, sans les fatiguer toutefois, rôle fort délicat, sans doute; mais on ne peut plus bienfaisant, lorsqu'il est bien rempli. C'est pour cela qu'il est nécessaire d'interdire formellement aux neurasthéniques placés dans les établissements spéciaux, et par conséquent vivant dans le voisinage immédiat d'autres neurasthéniques, le contact et la fréquentation de leurs pareils : la condition s'impose, mais sa réalisation pratique, il faut le reconnaître, est souvent fort difficile. Sur ce point le médecin ne saurait se montrer trop attentif ni trop exercer sa surveillance.

2° Rôle psychothérapique du médecin. — Direction morale. — Suggestion à l'état de veille. — L'influence morale que peut exercer le médecin sur le malade est un élément capital dans le traitement de l'épuisement nerveux. On ne saurait assurément en exagérer l'importance. Elle seule est à même de modifier profondément l'état mental des patients, de réveiller leur énergie, de s'opposer au développement ou d'obtenir la disparition des préoccupations hypocondriaques, des obsessions, des crises d'anxiété dont les malades sont si souvent tourmentés, et par là d'améliorer d'une manière durable leur condition physique ; car bien souvent, nous l'avons vu, c'est de l'état moral que procèdent la plupart des symptômes de l'épuisement nerveux.

Pour assurer le succès de ce traitement psychique, pour que cette action réconfortante, suggestive, du médecin sur le patient soit possible et efficace, il faut de toute nécessité que le médecin sache gagner la confiance de son malade et prendre sur lui une autorité incontestée. Pour cela il doit dès la première entrevue écouter patiemment, comme avec intérêt, le récit parfois très long des troubles éprouvés par le neurasthénique, lire attentivement ou garder pour en prendre connaissance « les petits papiers » où celui-ci a consigné la liste et l'exposé analytique de ses souffrances, et enfin faire de sa personne un examen méthodique et complet. Il est bon aussi que dans le cours de l'interrogatoire, ou du moins tandis que le patient procède à la description de son cas, le médecin parfois le prévienne ou le précède en quelque sorte dans son exposé, en lui indiquant tel ou tel symptôme, en précisant les caractères de tel ou tel de ses troubles fonctionnels. Se sentant bien examiné, écouté et compris, le malade

est dès lors préparé à tenir pour sincères et justes
tous les jugements que le médecin formulera sur
la nature de son mal, et par conséquent à accepter
sans réserve le traitement qui lui sera prescrit.
Le médecin qui veut s'assurer la confiance d'un
neurasthénique doit donc l'écouter avec attention,
examiner avec soin tous ses organes, et surtout se
garder de toute raillerie, de toute réflexion ironique à son égard, quelque étranges que puissent
être les doléances ou les confidences qu'il en
reçoit. Ce premier point acquis, c'est-à-dire après
avoir gagné la confiance du patient, le médecin
sera dès lors *autorisé* à le rassurer sur son état en
lui déclarant non pas qu'il n'est point réellement
malade ou qu'il n'est qu'un malade imaginaire,
mais qu'il n'existe chez lui aucune lésion organique et que, par conséquent, tout en réclamant
un traitement sérieux et peut-être de longue
durée, l'affection dont il est atteint est parfaitement curable; il peut lui citer des exemples de
malades guéris, en un mot chercher à faire naître
en lui l'espoir, la croyance en une guérison pro-
chaine. C'est là pour ainsi dire la base du traitement moral des états neurasthéniques.

Pendant tout le cours du traitement, le médecin
doit donc, par ses paroles, par son attitude, s'efforcer de maintenir dans l'esprit du patient l'idée
qu'il n'est pas en proie à une maladie grave, que
ses troubles sont purement fonctionnels et

qu'avec de la persévérance il parviendra à s'en
débarrasser. Il est évidemment indispensable, pour
obtenir ce résultat, de surveiller le malade d'assez
près, afin qu'au moindre signe de découragement
ou d'impatience on puisse intervenir et remettre
les choses en l'état. Et cependant il est bon que le
médecin évite de voir trop fréquemment son
client : en agissant ainsi il court le risque d'user
son autorité, d'émietter son influence : il doit
savoir espacer suffisamment ses visites. Il est bon
que la venue du médecin soit un peu désirée ; elle
doit être en quelque sorte pour le neurasthénique,
dans le cours de la cure, un événement toujours
marquant et qui l'impressionne. C'est pourquoi
encore le médecin ne doit jamais se laisser aller
à prendre vis-à-vis du malade un ton trop fami-
lier : son attitude ne doit pas être faite seulement
de commisération et d'attention débonnaire : il y
faut aussi de la fermeté et parfois même un peu
de raideur Le patient a besoin de sentir en lui
une raison supérieure et une volonté forte qui le
dirige et lui soit un appui solide dans la réforme
morale qu'il est incapable de s'imposer. A ce
propos, M. Bouveret a très justement fait remarquer que ce que M. Legrand du Saulle avait si
bien dit du traitement de la folie douce est de tous
points applicable au traitement d'un certain
nombre d'états neurasthéniques : « Si le malade ne
reçoit que des consolations banales, et s'il tran-

sige avec vous sur un ou plusieurs points, il
s'éloigne désappointé et ne revient jamais. Ce
qu'il a tenu essentiellement à rencontrer chez le
médecin, c'est une autorité qui commande à sa
volonté et la subjugue, et non pas une affabilité
raisonneuse qui discute et capitule. »

Ce sont là des indications très générales sur
l'attitude que doit prendre le médecin en face des
neurasthéniques. Mais il est évident que ses
paroles, ses actes, les petits stratagèmes dont il
devra user varieront suivant les diverses circonstances particulières. Chaque cas exige une
méthode spéciale, et se trouve en quelque sorte
justiciable de procédés de suggestion verbale
spéciaux. Tous ceux qui ont quelque peu pratiqué cette catégorie de malades savent combien,
malgré de très nombreux points de ressemblance,
ils sont en réalité différents les uns des autres
par leurs tendances, leur sensibilité morale, leur
caractère, leur niveau social, leur degré d'intelligence, toutes conditions qui imposent au médecin, pour bien diriger leur traitement psychique,
des façons de parler et d'agir on ne peut plus
variées. Aussi celui-ci doit-il, avant d'entreprendre
le traitement moral d'un neurasthénique, s'enquérir minutieusement non seulement de son histoire,
de ses antécédents héréditaires et personnels, mais
encore de son entourage, des circonstances dans
lesquelles il a versé dans la neurasthénie, des

origines réelles, morales ou autres, de son épuisement nerveux. De même, lorsqu'il se propose d'agir plus particulièrement contre une idée fixe, une obsession hypocondriaque, il doit savoir remonter, en provoquant sur ce point les confidences du patient, à l'incident, au trouble morbide qui en a été l'amorce. Il sera alors en mesure de démontrer au malade l'inanité de ses craintes en lui faisant comprendre comment son attention s'est fixée sur un trouble réel, mais purement fonctionnel et sans gravité, comment il s'est habitué peu à peu à l'interpréter d'une façon erronée, à lui prêter une importance qu'il n'a pas, une signification qui n'est pas la vraie. Ce procédé qui consiste à retracer au malade d'une manière juste et précise les étapes de ses préoccupations hypocondriaques, et en quelque sorte la genèse de ses obsessions, est bien fait pour l'impressionner. Nous pourrions citer de nombreux exemples de guérison d'idées fixes obtenues par cette méthode. Mais pour qu'elle soit applicable, il est une condition nécessaire, c'est que le neurasthénique soit doué d'une intelligence assez vive. Lorsqu'on est en présence d'un neurasthénique d'esprit pénétrant, ayant un peu ce que l'on pourrait nommer le don de l'observation intérieure, il ne faut pas craindre de le renseigner, de l'éclairer sur l'affection dont il souffre, de lui faire pour ainsi dire toucher du doigt le point de

départ et l'évolution des idées obsédantes, des
craintes, des peurs qui le tourmentent. C'est là,
croyons-nous, un bon moyen de l'en débarrasser.
Il va sans dire que la conduite à tenir à l'égard
des sujets moins bien doués sous le rapport des
aptitudes intellectuelles doit être toute différente.
Il vaut mieux, dans ces cas, avoir recours aux
procédés de suggestion ou de démonstration
indirecte dont nous ne saurions évidemment
tracer à cette place un tableau complet. Prenons
seulement un exemple : voici un neurasthénique
qui, pour avoir éprouvé quelques douleurs et un
certain degré de faiblesse des membres inférieurs, s'est imaginé qu'il était atteint d'une
maladie grave de la moelle épinière, de tabes dor-
sal : on pourra lui démontrer qu'il ne présente
aucun des symptômes fondamentaux de cette
affection, que sa sensibilité est intacte, que l'occlu-
sion des yeux ne provoque pas chez lui de déséquilibre, que ses réflexes rotuliens sont conservés,
que ses pupilles sont égales et réagissent comme
il convient. La claustrophobie, la peur des
espaces, toutes les phobies, en un mot, sont justiciables de traitements plus ou moins analogues,
mais dans le détail desquels nous ne saurions
entrer ici, parce que dans la pratique, le mode
d'application en est, nous le répétons, on ne peut
plus variable. L'action du médecin touchant les
causes morales qu'on retrouve si souvent à l'origine

des états neurasthéniques est des plus importantes ;
mais elle ne saurait non plus être précisée. Pour
apaiser des regrets cuisants, des douleurs intimes,
pour amener le malade à vivre pour ainsi dire en
paix avec lui-même, la conduite et le langage à
tenir sont évidemment très particuliers pour
chaque cas. C'est là une des parties les plus déli-
cates du rôle dévolu au médecin et qui exige de sa
part beaucoup d'initiative, de prudence et de tact,
en même temps qu'une connaissance intime du
passé et de la personnalité du patient.

3° *Suggestion hypnotique.* — Assurément, le
trouble intime des centres nerveux d'où procèdent
les syndromes neurasthéniques ne saurait être
supprimé d'une manière durable et complète par
quelques séances d'hypnotisme. C'est pourquoi
« la méthode hypnotique », que quelques auteurs
ont tant prônée dans le traitement des maladies
du système nerveux et notamment des névroses,
ne peut être raisonnablement proposée comme
méthode de traitement général des états neurasthéniques : tous les médecins qui ont suivi des
neurasthéniques et constaté la ténacité habituelle
de l'épuisement nerveux s'accorderont à le reconnaître. Par contre, il est certain que la suggestion
hypnotique peut rendre de réels services lorsqu'elle est mise en œuvre contre tel ou tel accident épisodique et de nature psychique survenu

dans le cours d'une neurasthénie (obsessions,
phobies, etc.). C'est ainsi que M. Bernheim,
M. V. Elden, M. Forel et beaucoup d'autres
auteurs ont obtenu soit l'amélioration, soit la disparition de symptômes neurasthéniques tels que
la dépression cérébrale, les préoccupations hypocondriaques, l'insomnie, etc. Mais ici il est
nécessaire de bien s'entendre sur la signification
des termes état hypnotique et suggestion hypnotique. D'après notre expérience personnelle, les
neurasthéniques purs, c'est-à-dire sans mélange
d'hystérie, ne sont pas hypnotisables au sens
rigoureux du mot. Les états de sommeil que l'on
provoque chez eux par les divers procédés usités
en pareil cas, ne présentent nullement les caractères essentiels du somnambulisme, l'inconscience,
l'oubli au réveil, etc., et de même les suggestions
communiquées dans ces états de sommeil ne se
développent pas avec cet automatisme complet,
cette inconscience, cette indépendance des autres
idées personnelles dont la collection constitue le
moi conscient, qui sont les traits distinctifs et les
caractères nécessaires de la suggestion proprement dite. Cet hypnotisme et ces suggestions ne
sont réalisables que chez les hystériques et chez les
hystéro-neurasthéniques. Pour qu'ils soient possibles, il faut une altération de la personnalité
plus profonde que celle qui existe dans les états
neurasthéniques purs, et c'est peut-être là une des

traces de démarcation les plus sûres entre l'état mental du neurasthénique et l'état mental hysté rique. On aura donc rarement l'occasion d'obtenir le véritable sommeil hypnotique chez les sujets neurasthéniques. D'ailleurs il n'est pas sans danger d'accoutumer, de dresser en quelque sorte les malades au somnambulisme provoqué; et nous pourrions citer ici plus d'un cas où une semblable pratique ne fit qu'aggraver l'état névropathique et même détermina manifeste-ment l'apparition de troubles mentaux d'une réelle gravité (délire, confusion mentale). Les « som-meils » que l'on impose généralement aux sujets neurasthéniques et qui correspondent aux pre-miers degrés de l'hypnose, suivant la classification de M. Bernheim, sont fort différents du somnam-bulisme provoqué vrai. Les malades ne perdent pas la conscience d'eux-mêmes; ils assistent « à la séance » malgré qu'ils aient les yeux clos et le bon vouloir de s'abstraire et de dormir. Ce sont des dormeurs éveillés. Aussi, lorsqu'ils obéissent, après « le réveil », aux incitations verbales sug-gestives que le médecin leur a communiquées, n'est-ce pas en vertu d'une suggestion réelle inconsciente et involontaire qu'ils agissent. Le phénomène mental qui se produit chez eux n'a que les apparences de la suggestion; il en est bien différent. Le mot d'ordre qu'ils ont reçu, ils l'ont reçu en toute conscience; il n'a pas échappé au contrôle de leur personnalité. Et lorsqu'il s'agit de sujets dociles, convaincus de la supériorité intellectuelle de leur médecin, tout disposés par conséquent à lui obéir, vivement impressionnés parfois par le mot d'hypnotisme et ce qu'ils savent de la chose, on comprend aisément qu'ils acceptent et réalisent la « suggestion » qui leur est donnée. Mais cette suggestion n'est, en dernière analyse, qu'une suggestion à l'état de veille, facilitée peut-être par la croyance du malade en l'efficacité de ce mode de traitement et par le cérémonial qu'il comporte, pareille, en somme, aux suggestions indirectes que peuvent provoquer tous les agents thérapeutiques usités dans le traitement de la neurasthénie, l'électricité, les plaques métalliques, etc. Cet hypnotisme-là n'offre pas de grands dangers. Il a pu rendre, cela est certain, de réels services, amener par exemple la suppression de quelque trouble psychique survenu au cours de l'épuisement nerveux. Mais les cas dans lesquels il est indiqué d'y avoir recours ont toujours paru assez rares. On peut le plus souvent s'en passer. Les résultats qu'il donne, un médecin quelque peu habile peut les obtenir en s'adressant soit à l'intelligence, soit à la crédulité du patient à l'état de veille [1].

_____

1. Lire : M. de Fleury, Traitement rationnel de la neurasthénie. — *Congrès pour l'avancement des sciences.* Besançon, 1893.

CHAPITRE III

Alimentation.

Chez certains neurasthéniques les fonctions digestives s'accomplissent avec une parfaite régularité. Ils ont bon appétit, leur digestion stomacale s'effectue sans encombre; leur état général reste satisfaisant; ils conservent leur embonpoint, et lorsqu'on les interroge sur l'existence des troubles dyspeptiques qu'on est en droit de leur supposer, ils répondent nettement qu'ils ne souffrent pas de l'estomac et qu'ils digèrent sans difficulté. Ces malades sont assurément peu communs, mais ils existent incontestablement. En pareil cas le mieux est de laisser le sujet suivre le régime alimentaire auquel il est accoutumé, après s'être assuré toutefois que les sensations de fatigue, de prostration habituelles aux neurasthéniques ne l'ont pas amené à élever outre mesure sa ration de boissons fermentées (vins, bière, etc.) ou à user immodérément des liqueurs alcooliques et d'excitants tels que le thé, le café. Cette réserve

faite, nous croyons qu'il n'y a nul avantage à
vouloir, dans le but de prévenir l'apparition éven-
tuelle des symptômes dyspeptiques, réglementer
préventivement l'alimentation de ces malades. En
agissant ainsi, on courrait le risque d'attirer trop
vivement l'attention du neurasthénique sur ses
fonctions digestives et de lui fournir gratuitement
le prétexte d'une préoccupation hypocondriaque
nouvelle. D'ailleurs les malades de cette catégorie
se trouvent en général fort mal d'un changement
de régime, quelque parfait, quelque rationnel qu'il
soit du moins théoriquement.

Il n'en est pas de même des sujets, et ils sont
nombreux, qui présentent les troubles propres à
la *forme légère de l'atonie gastro-intestinale*. Il s'agit
des malades qui, après chaque repas, éprouvent
tout le cortège de malaises qui caractérise la
dyspepsie nervo-motrice : la pesanteur à l'épigastre, le ballonnement, les bouffées de chaleur au
visage, la lourdeur de tête, la somnolence, etc. Ces
symptômes persistent tant que dure le travail de
la digestion et se dissipent au moment où il prend
fin. On a affaire, dans l'espèce, à la simple atonie
gastrique ; la dilatation permanente de l'estomac
fait défaut, il n'y a pas non plus de stase gastrique ; les aliments sont chassés de la cavité stomacale dans le délai normal. Enfin l'analyse chimique du suc gastrique montre que la sécrétion

n'a pas subi de modification qualitative importante ; on constate seulement dans quelques cas un léger degré d'hypochlorhydrie, et c'est tout. Quelles sont les prescriptions à formuler en pareil cas concernant l'alimentation du malade?

Certains auteurs estiment qu'il n'y a pas lieu d'imposer un régime spécial à ces neurasthéniques, et que le traitement général dirigé contre la neurasthénie suffit pour amener la cessation des troubles dyspeptiques. Cela est vrai quelquefois. Il y a effectivement des formes légères d'épuisement nerveux qui s'amendent rapidement sous l'influence d'un traitement précoce et bien conduit dont le repos et l'hydrothérapie ont fait tous les frais. On voit alors le syndrome dyspeptique disparaître avec tous les autres troubles fonctionnels et l'on est en droit d'affirmer , l'épreuve étant faite , qu'un traitement local n'était pas nécessaire pour obtenir la guérison du trouble des fonctions digestives. Mais les choses ne se passent pas toujours ainsi; il s'en faut de beaucoup. Souvent l'état neurasthénique persiste en dépit du traitement général prescrit; les troubles dyspeptiques, légers au début, s'accentuent de plus en plus et le neurasthénique finit par passer du premier degré à la forme sévère de l'atonie gastro-intestinale; la dilatation stomacale, les phénomènes de stase gastrique apparaissent et la nutrition du sujet s'en trouve quelquefois sérieusement compromise. Il peut arriver encore que le malade, tout en continuant à ne présenter que la forme légère de la dyspepsie atonique, excédé à la longue par la persistance des malaises qui l'accablent à chaque digestion, restreigne systématiquement la quantité des aliments qu'il ingère. Il en est même qui en viennent à supprimer le repas, à le remplacer par une prise de potage ou de lait, tant ils redoutent le retour de la crise dyspeptique. On comprend qu'en pareil cas le malade insuffisamment alimenté ne tarde pas à s'anémier, à maigrir, à perdre de plus en plus ses forces.

Il y a encore des neurasthéniques que la ténacité de leurs troubles dyspeptiques impressionne d'une manière fâcheuse. Ils s'imaginent qu'ils sont atteints d'une grave lésion de l'estomac, de cancer par exemple; sans cesse préoccupés par leur état gastrique, ils s'attristent, se découragent et leur neurasthénie s'aggrave d'autant. Ainsi donc la dyspepsie nervo-motrice, même à son plus faible degré, n'est pas un symptôme négligeable et banal parmi tant d'autres manifestations de l'asthénie nerveuse, puisqu'elle peut être l'amorce d'un trouble gastrique plus grave, et qu'elle peut porter une atteinte sérieuse à la nutrition générale du patient, soit en l'amenant à restreindre son alimentation au-dessous du taux normal, soit en le jetant dans un état de dépression morale profonde. Il faut donc, tout en traitant l'asthénie générale du sujet, s'efforcer d'atténuer les troubles digestifs qui relèvent de l'atonie gastro-intestinale. On y parviendra non en prescrivant comme on le fait trop souvent des poudres et des vins eupeptiques, mais en imposant une diététique alimentaire appropriée à l'état.

L'alimentation des neurasthéniques dont il s'agit ici, doit être réglée en vue de prévenir le développement des troubles digestifs et d'assurer au malade des matériaux de réparation suffisants pour aider à la restauration de la force nerveuse. La ration alimentaire doit être maintenue au taux normal, et même un peu au-dessus. Or nous savons que beaucoup de neurasthéniques, avec un estomac encore très capable de digérer (nous ne parlons pas de ceux qui tombent dans l'anémie absolue et auxquels le traitement systématique de Weir Mitchell doit être appliqué), s'habituent à manger peu. Il y a lieu de les interroger avec soin sur ce point et de connaître d'une manière précise si la quantité d'aliments qu'ils ingèrent chaque jour est suffisante ou non. Dans ce dernier cas il convient d'augmenter, non pas brusquement, mais lentement et progressivement, la dose quotidienne des aliments absorbés. Il faut conseiller trois repas, dont le principal sera celui de midi. Le premier déjeuner doit être assez substantiel; il est généralement trop frugal : beaucoup de neurasthéniques se contentent de prendre une tasse de lait, de thé ou de café, quelquefois sans pain. Ce repas par trop sommaire suffit cependant à les remonter un peu, à dissiper, mais pour bien peu de temps, les sensations de fatigue ou d'accablement qu'ils éprouvent dès le réveil. Mais vers dix ou onze heures, la lassitude, la prostration des forces reparaissent et durent jusqu'au second déjeuner. Le premier repas du matin doit se composer de préférence de lait pur (1/4 de litre) ou additionné, suivant le goût du malade, de thé, de café ou de cacao, d'un œuf frais et très peu cuit, d'un peu de pain grillé légèrement enduit de beurre très frais. Après ce léger repas, les malades attendent généralement sans trop de malaise le repas de midi.

Le régime doit être *mixte*; seul il réalise les conditions d'une bonne nutrition; les régimes partiels, exclusifs, sont tous nuisibles; ils ne sont applicables que dans un petit nombre de cas très spéciaux que nous indiquerons ultérieurement. La règle générale est de conseiller aux neurasthéniques atteints de dyspepsie atonique simple, des aliments de digestion facile et qui contiennent sous un moindre volume la plus grande quantité de matières nutritives. Les troubles qui accompagnent la digestion seront ainsi notablement atténués et le danger de la stagnation trop prolongée des débris alimentaires dans la cavité gastrique, ainsi que des fermentations qui peuvent en être la conséquence, se trouvera écarté. Les aliments recommandés aux neurasthéniques doivent être assez nombreux pour que ceux-ci puissent varier fréquemment le menu de leurs repas et éviter le dégoût que provoquent les régimes exclusifs : ce sont les viandes de bœuf et de mouton débarrassées de la graisse et des parties fibreuses, les volailles, les poissons maigres très cuits, les œufs frais peu cuits. Le lait, en quantité modérée, doit être réservé pour le déjeuner du matin.

Les légumes à gousse tels que les haricots verts, les petits pois ou bien encore les épinards, les asperges, tous ces légumes verts qui sont pauvres en cellulose et en fibres végétales doivent être prescrits. Leur valeur nutritive est de beaucoup supérieure à celle des autres légumes; ils contiennent en effet 22 à 24 p. 100 de substances albuminoïdes et leur teneur en matériaux hydrocarbonés est assez élevée. Le seul inconvénient qu'ils présentent, c'est la forte proportion d'eau dont ils sont chargés. Aussi est-il indispensable de les bien cuire, puis de les déshydrater le plus possible par le chauffage avant de les servir. Pour la même raison les *conserves* de légumes sont quelquefois mieux tolérées que les légumes frais et doivent leur être préférées. On interdira les légumes crus, salades, concombres, radis, les champignons. Parmi les féculents, le riz, le sagou, la purée de pommes de terre préparée au lait, la purée de lentilles sont bien supportés.

L'usage du pain sera modéré et ce pain sera très cuit et rassis.

Seuls les fruits à amandes doivent être proscrits; les autres peuvent être permis, à la condition qu'ils soient très mûrs. Il est préférable cependant de donner les pommes et les poires cuites et réduites en marmelades. Les condiments les plus usuels, le sel, le poivre et la moutarde, pris à doses modérées, seront permis parce qu'ils excitent légèrement le goût des malades, dont l'appétit laisse le plus souvent à désirer.

Aux repas on devra boire modérément, soit de la bière légère, soit du vin blanc ou rouge largement étendu d'eau. Parmi les eaux minérales, on évitera celles qui sont riches en bicarbonate de soude et on ne fera usage, à défaut d'eau pure commune, que d'eaux indifférentes ou faiblement minéralisées. Sans restreindre à l'excès la quantité des boissons, il importe que les neurasthéniques n'ingèrent pas dans le cours de leurs repas de trop grandes quantités de liquides, qui en délayant le suc gastrique, rendraient la digestion stomacale plus difficile et plus lente. Pour éviter les méfaits dus à l'ingestion de trop fortes doses de liquides, il convient de recommander aux malades qui éprouvent le besoin, à la fin du repas, de boire abondamment, l'usage des fruits

pulpeux ; les lavements peuvent encore être prescrits dans le même but. Le régime des boissons
doit être aussi très surveillé, parce que beaucoup de malades, afin de remonter leur énergie
toujours défaillante, s'habituent petit à petit à
absorber soit au repas, soit dans les intervalles,
des boissons alcooliques diverses et finissent
ainsi par s'intoxiquer. Ce même besoin instinctif
de stimuler leur système nerveux pousse fréquemment les neurasthéniques à user et même à
abuser d'excitants divers, tels que le thé, le café,
les liqueurs, le tabac. Nous croyons que ces
divers stimulants ne doivent pas, à moins de
contre-indications particulières , être radicale-
ment proscrits. Le thé et surtout le café doivent
être déconseillés après le repas du soir. Mais il
n'y a pas d'inconvénient à en permettre l'usage
modéré après le repas de midi. Il n'est pas bon
de priver les malades de tout ce qui peut leur
être agréable. Par contre, si le patient accuse des
symptômes d'excitation cérébrale ou cardiaque,
s'il souffre d'insomnies ou de palpitations, l'usage
du thé, du café et du tabac devra lui être formellement interdit.

Telle doit être la diététique des neurasthéniques atteints d'atonie gastro-intestinale au premier degré. Il s'agit, on le voit, d'un régime mixte
qui se rapproche étroitement du régime normal,
puisque les aliments azotés , albuminoïdes et

hydrocarbonés y figurent tour à tour et s'y associent dans la proportion voulue. Sa seule caractéristique, c'est le choix dans chacune des trois
catégories d'aliments, des substances dont la
digestion est particulièrement facile. Il assure la
nutrition générale des malades en même temps
que le fonctionnement régulier du tube digestif,
il doit être préféré sans conteste à tous les régimes
systématiques ou exclusifs qui ont la prétention
de restaurer les forces en relevant plus particulièrement la nutrition du tissu nerveux. C'est ainsi
que les auteurs américains, et notamment Beard
et Weir-Mitchell recommandent beaucoup aux
neurasthéniques l'usage des *graisses*, du beurre,
de la crème, de l'huile de foie de morue, etc. La
graisse est certainement un aliment nécessaire à
la nutrition; mais il n'est nullement démontré
qu'une consommation abondante de cette substance exerce une action spécialement favorable
sur la nutrition des centres nerveux. De plus les
substances grasses ingérées en quantité notable
provoquent rapidement la satiété et elles sont
souvent mal tolérées par les malades.

Le régime *carné* exclusif est assez souvent
prescrit aux neurasthéniques anémiés. Dans le
but de les réconforter au plus vite on les gave de
viandes rôties ou grillées. Cette pratique est
détestable; l'expérience clinique et l'expérimentation physiologique ont prouvé qu'un pareil régime

est incapable d'assurer la nutrition générale de l'organisme, qu'il encombre les humeurs de substances extractives plus ou moins toxiques, et il va sans dire, en ce qui concerne les neurasthéniques, souffrant d'atonie gastrique, qu'il n'est rien moins qu'apte à faciliter le travail de la digestion stomacale, alors même que la sécrétion du suc gastrique n'est pas profondément altérée.

La *diète lactée* exclusive si fréquemment conseillée dans le traitement des affections gastriques ne convient pas aux neurasthéniques affectés d'atonie gastro-intestinale. De grandes quantités de lait ingérées par les malades soumis à ce régime sont souvent mal digérées et ne font que favoriser la dilatation de l'estomac.

Nous devons maintenant envisager les cas dans lesquels l'épuisement nerveux s'accompagne et se complique de cet état dyspeptique que M. Bouveret a décrit sous le nom de *forme grave* de l'atonie gastro-intestinale.

Les malades qui appartiennent à cette catégorie sont généralement amaigris; ils s'alimentent très insuffisamment; les troubles dyspeptiques sont chez eux très intenses; la sécrétion gastrique est le plus souvent notablement altérée et l'examen chimique du suc gastrique revèle soit l'hypochlorhydrie, c'est là le cas le plus fréquent, soit, mais beaucoup plus rarement, l'hyperchlorhydrie; quelques-uns enfin sont atteints de dilatation permanente. Si le traitement général dirigé contre l'asthénie nerveuse suffit parfois à améliorer ou même à guérir la forme légère de l'atonie gastro-intestinale, il n'en est plus de même quand il s'agit de la forme grave. Un régime sévère et un traitement local sont alors nécessaires pour obtenir l'atténuation du trouble des fonctions digestives.

La première condition à remplir c'est de régler l'alimentation au point de vue de la quantité des ingesta, des heures des repas et du choix des aliments.

En ce qui concerne le nombre des repas, nous pensons avec M. Bouchard, avec M. Hayem et M. Bouveret que trois repas par jour sont suffisants. Quelques médecins, dans le but d'atténuer le travail de la digestion et partant les troubles dyspeptiques qu'elle détermine, conseillent de multiplier les prises d'aliments en en diminuant la quantité. Cette pratique doit être écartée, parce qu'il est nécessaire de dispenser à un estomac dont les sécrétions sont ralenties et dont la motricité est affaiblie, des temps de repos assez prolongés pour qu'il puisse, la digestion et l'évacuation du chyme étant parachevées, se rétracter et recevoir utilement de nouveaux aliments. Si les ingestions alimentaires même plus copieuses se succèdent à de trop courts intervalles, on conçoit que l'activité de l'estomac malade, sans cesse sollicitée, ne tardera pas à s'épuiser et que la dilatation permanente, puis la stase gastrique et la fermentation des débris non évacués pourront être réalisées ou aggravées par un tel régime.

Les indications qui ont été formulées par M. Bouchard touchant la distribution des heures des repas, à propos du traitement de la dilatation de l'estomac, sont parfaitement applicables à la forme sévère de l'atonie gastro-intestinale des neurasthéniques. Le repas du matin doit avoir lieu vers sept ou huit heures ; celui de midi sera le plus important, et celui du soir, fixé à sept heures, devra être moins copieux que celui de midi. Il est nécessaire que ce long intervalle de six ou sept heures qui sépare les deux derniers repas soit régulièrement respecté ; car dans les cas anciens ou graves, c'est à peine si au bout de ce laps de temps la digestion gastrique est accomplie. Le patient devra donc s'abstenir d'aliments et autant que possible de boissons durant les intervalles. Après le déjeuner de midi il y a généralement avantage à ce que le malade marche un peu, se livre à une petite promenade à pas lents. De même il ne se couchera que trois heures environ après le repas du soir. Le repos absolu et le sommeil semblent en effet ralentir le travail de la digestion, au moins chez la plupart des sujets.

Il faut recommander aux malades de consacrer

aux repas un temps suffisant, afin que la masti-
cation et l'insalivation des aliments soient complètes ; ceux qui se trouvent affligés d'une den-
ture défectueuse devront recourir à l'usage des
dents artificielles ou bien avoir soin de faire
hacher tous leurs aliments solides. Il faut aussi
se préoccuper de l'hygiène de la bouche : tous les
dyspeptiques doivent se brosser les dents et se
rincer la bouche avec une solution légèrement
antiseptique avant et après chaque repas.

Choix des aliments. — Un régime mixte et
varié est toujours préférable aux régimes exclusifs. Ces malades étant pour la plupart hypo- ou
anachlorhydriques, ainsi qu'en témoigne l'exploration méthodique du chimisme stomacal, il
faudra, comme dans la forme bénigne de l'atonie
gastro-intestinale, mais plus rigoureusement
encore, leur imposer l'usage des aliments de
digestion facile et peu susceptibles de subir les
fermentations acides. Nous avons déjà indiqué la
plupart de ces aliments de choix à propos des
dyspepsies atoniques légères, et il est nécessaire
qu'ils figurent à l'exclusion des autres substances
alimentaires dans la composition des menus
proposés aux neurasthéniques dont il s'agit ici.
Il faut notamment écarter de ce régime mixte
les mets de préparation compliquée et de haut
goût, les crudités, certains féculents, les ali-

ments trop gras, les fromages de conserve, en
un mot toutes les substances qui fermentent aisément dans un estomac privé d'acide chlorhydrique
libre. Les graisses toutefois ne doivent pas être
complètement exclues du régime diététique des
neurasthéniques, même dans la forme grave de la
dyspepsie atonique. Il convient seulement de
prescrire au moins momentanément un usage
très modéré de ces substances en s'adressant de
préférence aux graisses de viande de bœuf, de
mouton, au beurre rigoureusement frais. Les
condiments usuels (sel, poivre, moutarde) seront
permis, mais à doses modérées.

En ce qui concerne le régime des *boissons*, les
prescriptions que nous avons formulées précédemment à propos du premier degré de la dyspepsie
nervo-motrice, sont encore ici de tous points
applicables.

C'est dans cette forme grave de la dyspepsie
atonique que la restriction alimentaire dont nous
avons déjà parlé est fréquemment pratiquée par
les malades. Ils mangent de moins en moins lorsqu'ils sont livrés à eux-mêmes, parce qu'ils ont
remarqué qu'un repas très léger est suivi de
malaises moindres, et c'est là bien souvent une des
principales causes, sinon la seule cause, de leur
amaigrissement et de la déperdition de leurs
forces. Le médecin devra donc surveiller attentivement la ration quotidienne ingérée par le

malade, l'élever peu à peu au taux normal et convaincre le patient de la nécessité où il est de s'ali-
menter suffisamment, même au prix de quelques
souffrances. C'est dans les cas de cet ordre, plus
particulièrement graves et fréquents dans la neurasthénie féminine, que la cure d'alimentation
progressive proposée par Weir-Mitchell peut
rendre les plus grands services. Cependant nous
ne pensons pas que la diététique formulée par ce
médecin soit applicable indistinctement à tous
les cas de neurasthénie invétérée avec atonie
gastro-intestinale grave. Il faut, croyons-nous, en
réserver l'emploi pour certains cas d'épuisement
nerveux dont nous préciserons les caractères
orsque nous exposerons le traitement systématique de Weir-Mitchell et la thérapeutique hygiénique de la neurasthénie féminine. Le régime
mixte que nous venons d'indiquer nous paraît
préférable en somme aux diverses cures d'engraissement et à tous les régimes partiels ou exclusifs
dans le traitement de la plupart des neurasthéniques atteints d'atonie gastro-intestinale.

Médication. — Ces malades ont presque tous
avalé, sans en tirer aucun avantage, les préparations pharmaceutiques les plus variées : vins
eupeptiques, poudres absorbantes, bicarbonate
de soude, etc. La plupart de ces substances médicamenteuses étant inefficaces ou nuisibles doivent
être proscrites. Les alcalins notamment sont en

général contre-indiqués dans l'atonie gastro-intestinale qui s'accompagne souvent d'une diminution
appréciable de l'acide chlorhydrique libre du suc
gastrique. Cependant pris quelque temps après
le repas (trois quarts d'heure ou une heure) sous
forme de bicarbonate de soude ou d'eau de Vichy
tiédie au bain-marie, ils soulagent, dans certains
cas, les malades d'une façon notable. Les *pepsines*
du commerce ont à peu près la valeur thérapeutique des poudres inertes.

La *pancréatine* a peut-être quelque efficacité.

Le médicament qu'il convient le plus souvent de
prescrire dans l'atonie gastro-intestinale des neurasthéniques est l'*acide chlorhydrique*. Il accroît
dans une certaine mesure la puissance digestive du
suc gastrique et il agit en même temps à la manière
d'un antiseptique en modérant les fermentations
acides secondaires. On peut l'ordonner sous la
forme d'une solution aqueuse à 3 ou 4 grammes
pour 1.000, à la dose d'un quart de verre ou un
demi-verre à prendre une demi-heure après le
repas de midi et après le repas du soir.

L'*électrisation* a été appliquée, surtout en Allemagne, au traitement de l'atonie gastrique des
neurasthéniques. On a pensé naturellement que
les courants électriques pourraient stimuler et
la motilité et la sécrétion de l'estomac ; on a dans
ce but employé soit le courant continu, soit la
faradisation. C'est en général dans les cas d'atonie

avec dilatation que le traitement électrique a été utilisé. Ziemssen, Erb, Leube et M. Bouveret en France ont ainsi obtenu quelques résultats favorables. Voici quelle est la technique suivie par Erb [1] pour l'électrisation des parois gastriques. Il applique une large électrode sur les apophyses épineuses, au niveau du cardia ; l'autre électrode, plus petite, est promenée au devant de la paroi antérieure de l'estomac. Si l'électrisation est pratiquée avec le courant galvanique, le pôle positif répond à l'électrode postérieure et le pôle négatif à l'électrode labile. Si l'on se sert du courant faradique, il est nécessaire que le courant soit assez intense pour provoquer à chaque attouchement du creux épigastrique une contraction un peu énergique des muscles abdominaux. Les séances, d'une durée de huit à dix minutes, doivent être quotidiennes et avoir lieu soit avant le repas, soit après le lavage de la cavité gastrique si le malade est soumis à ce traitement.

Ziemssen [2] recommande de se servir de très larges électrodes ayant de 20 à 25 centimètres de côté et qu'on applique l'une à la hauteur du pylore, vers le grand cul-de-sac de l'estomac, sur la paroi abdominale, l'autre en arrière, un peu à gauche de la colonne vertébrale et au même niveau. La

1. Erb, *Traité d'électrothérapie.*
2. Ziemssen, *Klinische Vorträge*, Leipzig, 1888, cité par Bouveret, in *Traité de la neurasthénie*, 1891.

grande surface de ces électrodes assure la pénétration du courant. Le pôle positif étant placé en arrière et le négatif en avant, on détermine avec le courant continu, en actionnant le commutateur, de fortes contractions des muscles de la paroi et du dos. La durée des séances est de dix à quinze minutes

On a aussi proposé de faire pénétrer une des électrodes dans la cavité même de l'estomac après y avoir introduit une certaine quantité d'eau légèrement salée. Mais cette technique a l'inconvénient d'être difficilement supportée par le malade et doit être rejetée.

Le *lavage de l'estomac* ne doit pas être érigé en méthode de traitement de l'atonie gastrique, comme semblent le croire quelques médecins. Il faut y avoir recours seulement dans les cas d'atonie avec fermentations acides. Le lavage de la cavité gastrique est assurément un bon moyen thérapeutique, mais dont l'emploi doit être en quelque sorte épisodique, parce qu'il ne s'adresse qu'à une complication intercurrente de l'atonie des parois stomacales, la stase et les fermentations secondaires des débris alimentaires.

La *constipation* est un symptôme à peu près constant chez les neurasthéniques affectés d'atonie gastro-intestinale. Pour la combattre, il est inutile et même nuisible de prescrire au malade des purgatifs fréquemment répétés. Les lavements, le massage du cæcum, l'électrisation du gros intestin seront utilisés avantageusement. Si l'administration d'un purgatif devient nécessaire, il faut s'adresser de préférence non pas aux purgatifs salins qui agissent surtout en produisant des effets exosmotiques et qui engendrent plus que tous les autres la constipation secondaire, mais aux substances purgatives qui excitent les contractions de l'intestin, tels que la rhubarbe, l'huile de ricin, le podophylle, etc. Encore ne doit-on prescrire ces médicaments qu'à de rares intervalles.

Tels sont les agents thérapeutiques et les substances médicamenteuses qui nous paraissent être d'utiles adjuvants de la diététique hygiénique applicable au traitement de l'atonie gastro-intestinale des neurasthéniques.

Neurasthénie et hyperchlorhydrie. — En énumérant les divers états dyspeptiques qui peuvent exister chez les sujets atteints d'épuisement nerveux, nous avons vu que l'hyperchlorhydrie, soit permanente, soit intermittente, s'observait quelquefois associée au syndrome de l'asthénie nerveuse. Les faits de cet ordre sont à la vérité fort rares, et l'on peut dire que dans le groupe de dyspeptiques neurasthéniques comme dans l'ensemble des dyspeptiques, neurasthéniques ou non, l'ana- ou l'hypochlorhydrie est la règle et l'hyperchlorhydrie l'exception. Il n'en est pas moins vrai que tout neurasthénique chez lequel l'analyse méthodique du suc gastrique révèle l'existence de l'hyperchlorhydrie, doit être soumis à un régime alimentaire et à une diététique sensiblement différents de ceux qui conviennent aux neurasthéniques affectés d'atonie gastro-intestinale avec réaction normale ou hypochlorhydrie.

Dans les cas d'*hyperchlorhydrie simple*, il faut naturellement proscrire de l'alimentation tous les ingesta liquides ou solides de nature à stimuler la muqueuse gastrique. Il y a lieu d'interdire le thé, le café, les liqueurs, les sauces et toutes les préparations culinaires fortement épicées, les condiments, etc. Les aliments doivent être salés très modérément. En raison des qualités chimiques de la sécrétion gastrique, les aliments azotés sont les mieux digérés; ce sont eux qui fixent la plus grande quantité d'acide chlorhydrique libre. La plupart des viandes doivent donc entrer dans le régime alimentaire; mais elles devront être préparées simplement, bouillies, rôties ou braisées. Il faut encore recommander aux hyperchlorhydriques les œufs. La plupart des graisses et des amylacés sont en général bien digérés par ces malades et leur régime, malgré la facilité avec laquelle ils digèrent les viandes, ne doit pas être exclusivement azoté. Il doit se rapprocher le plus possible du régime mixte.

L'estomac des neurasthéniques hyperchlorhydriques n'est généralement ni frappé d'atonie ni dilaté. On n'a guère à craindre chez eux la stase et les fermentations acides secondaires ; il n'est donc pas nécessaire de restreindre la quantité des boissons. L'eau pure, le lait largement étendu d'eau, devront être préférés aux boissons alcooliques qui excitent trop vivement l'hypersécrétion de la muqueuse et peuvent, même à très faibles doses, provoquer les douleurs gastriques. Le képhyr et le cidre sont mieux tolérés.

L'action des *alcalins* est ici éminemment favorable. On doit prescrire de 3 à 6 grammes de bicarbonate de soude après le repas de midi et après le repas du soir. Cette dose peut être administrée en deux prises égales séparées par un intervalle d'une heure ; la première sera donnée deux heures environ après le repas, c'est-à-dire au moment où les douleurs gastriques vont apparaître.

Le lavage de l'estomac ne doit pas être employé dans le traitement de l'hyperchlorhydrie simple sans hypersécrétion, parce que les phénomènes de rétention et d'ectasie gastrique font défaut dans cet état dyspeptique.

Quant à l'hyperchlorhydrie avec hypersécrétion permanente ou intermittente, elle ne saurait nous

occuper ici. La maladie de Reichmann est en
effet une complication trop exceptionnelle des
états neurasthéniques pour que nous puissions,
sans dépasser outre mesure les limites de notre
sujet, en exposer le traitement et la diététique.

Nous avons jusqu'ici envisagé l'hygiène de
l'alimentation et les régimes divers qu'il convient
d'imposer aux neurasthéniques dans le but d'atténuer ou de guérir les troubles dyspeptiques
habituellement associés à l'épuisement nerveux.
Or, la diététique peut être appelée à intervenir,
dans le traitement de certains états neurasthéniques, non plus comme un moyen hygiénique
destiné seulement à pallier les troubles des fonctions digestives et à assurer l'alimentation du
malade en dépit même de ces troubles, mais
encore comme agent régulateur ou réformateur
de la nutrition générale. Dans le chapitre de ce
livre qui a trait à l'étiologie de l'épuisement nerveux, nous avons insisté sur l'étroite parenté du
nervosisme et de l'arthritisme. Nous avons vu
que la diathèse acide ou urique notamment con-
stituait un terrain particulièrement favorable au
développement de la neurasthénie et qu'en outre
il y avait des cas dans lesquels le syndrome neurasthénique semblait être apparu sous la seule
influence de cette diathèse arthritique. C'est ainsi
que la goutte se complique parfois d'asthénie

nerveuse, non par l'effet d'une pure coïncidence, mais parce que l'état neurasthénique a été engendré et entretenu par la maladie goutteuse elle-même. Il est clair que les faits de cet ordre exigent une thérapeutique hygiénique particulière et que la diététique qu'il convient d'instituer doit être surtout dirigée contre la diathèse urique. De même lorsque la neurasthénie s'associe à l'obésité, il peut y avoir avantage à modifier avant tout la nutrition générale du patient, à le débarrasser de sa surcharge adipeuse. Quels sont donc les régimes alimentaires qu'il faut prescrire en pareil cas?

Goutte et neurasthénie. — C'est seulement lorsque le goutteux neurasthénique ne présente pas de troubles dyspeptiques graves, lorsqu'il est atteint d'atonie gastro-intestinale légère ou d'hyperchlorhydrie simple qu'on est autorisé à lui imposer un régime alimentaire assez sévère pour modifier sa nutrition générale déviée. Dans le cas contraire, il faut de toute nécessité s'efforcer tout d'abord d'améliorer l'état de ses fonctions digestives. Aussi la diététique que nous allons exposer ici est-elle plus particulièrement applicable aux goutteux pléthoriques, vigoureux et ayant encore un bon estomac. Il faut se garder en effet de prescrire même aux goutteux jeunes et robustes une sobriété excessive, un régime d'inanition trop rigoureux et il est prudent de ne pas réformer leur alimentation d'une manière trop brusque. En procédant ainsi on courrait le risque de déprimer leurs forces, d'aggraver leur asthénie nerveuse et de transformer en goutte atonique leur goutte demeurée jusqu'alors floride. C'est pourquoi les régimes exclusifs et les cures d'inanition doivent être écartés.

Le régime de Cantani entre autres, qui n'est qu'une cure d'inanition, doit être rejeté. Cantani permet seulement du bouillon, de la viande, des œufs et du poisson, mais en petite quantité. Il interdit complètement les graisses et les hydrates de carbone et en revanche ordonne les légumes verts en grande abondance. Il recommande enfin aux goutteux de ne jamais manger jusqu'à satiété. Une pareille diététique ne saurait évidemment être suivie longtemps sans affaiblir le malade outre mesure.

Le régime végétarien absolu doit être déconseillé pour les raisons que nous avons déjà indiquées.

Le régime lacté exclusif est un régime d'inanition relative. Il peut rendre de réels services, mais il ne saurait être longtemps prolongé. Il doit être prescrit seulement par petites périodes de cinq à six jours. Sous cette forme il constituera une cure utile parce qu'il augmente la sécrétion urinaire et produit un véritable lavage de l'organisme.

Le régime des neurasthéniques goutteux comme celui des neurasthéniques non uricémiques doit être mixte. Les aliments azotés, les graisses et les hydrocarbones doivent entrer dans sa composition; mais il faut réglementer la quantité et la qualité de ces substances alimentaires.

Le goutteux sera très réservé dans la consommation des viandes. Il fera usage des viandes blanches de préférence, qui sont moins excitantes et moins riches en substances albuminoïdes que les viandes rouges. Munk et Uffelmann ont montré que l'albumine d'origine animale ne doit pas dépasser les trois quarts de la quantité d'albumine comprise dans la ration alimentaire. Cette proportion peut être abaissée aux deux tiers et même à la moitié dans le régime des goutteux, mais il sera bon, surtout au début, de prescrire l'ingestion quotidienne d'un litre de lait qui compensera à peu près la perte de substance albuminoïde résultant de la restriction de la viande.

En ce qui concerne les graisses et les hydrates de carbone, la restriction s'impose également (Bouchard); mais l'opportunisme est ici de rigueur. Le rationnement de ces substances doit être proportionné à l'activité déployée, à la dépense de forces réalisée journellement par le malade; celui-ci en tout cas doit conserver un certain embonpoint et son poids doit rester en rapport avec sa stature.

D'une manière générale les goutteux doivent user largement des légumes verts, des carottes, des navets, de choux-fleurs, n'user que très modérément de pommes de terre et s'abstenir le plus possible de graines farineuses (lentilles, haricots, pois), de pâtes alimentaires, qui sont beaucoup plus riches en hydrates de carbone.

On doit encore exclure du régime des goutteux les tomates, l'oseille, les épinards, les asperges, la rhubarbe, trop riches en acide oxalique; les cornichons et les divers condiments qui ont macéré dans le vinaigre. M. Lecorché interdit aussi l'usage des groseilles, des fraises, des framboises, des pommes et des poires, qui sont trop acidules. Il permet les pêches, les prunes et le raisin en petite quantité. Les fruits sucrés et le sucre en général ne seront permis qu'à petites doses.

Boissons. — Y a-t-il avantage à ce que le goutteux neurasthénique absorbe une grande quantité d'eau? L'ingestion de ce liquide favorise-t-elle l'élimination de l'acide urique ou est-elle sans influence sur cette élimination? Les recherches expérimentales entreprises à ce sujet ont conduit leurs auteurs (Geuth et Heuitz, Schœndorff, etc.) à des résultats contradictoires. Quoi qu'il en soit l'expérience clinique a montré que l'augmentation de la diurèse facilite toujours la dépuration urinaire, et on sait que les cures d'eaux à peu près indifférentes au point de vue de leur minéralisation exercent chez les goutteux une action très favorable. Il faut donc permettre à ces sujets une large ration d'eau pure ou légèrement additionnée de vin de Bordeaux.

Il est nécessaire d'interdire l'usage des vins généreux, des vins de liqueurs, des liqueurs, des bières, du cidre. Le thé et le café seront permis, mais une fois par jour et à dose restreinte.

En ce qui concerne le régime alimentaire des neurasthéniques obèses, on trouvera dans le volume de cette collection consacré à l'obésité, les indications que nous ne saurions donner ici sans sortir du cadre que nous nous sommes tracé.

CHAPITRE IV

Hydrothérapie.

L'hydrothérapie peut rendre les plus grands services dans le traitement de la neurasthénie. Elle est assurément un des meilleurs agents physiques dont l'hygiène thérapeutique dispose, et il est bien peu de cas d'épuisement nerveux dans lesquels son emploi ne soit formellement indiqué. L'action stimulante et tonique que les applications froides exercent sur les centres nerveux et par l'intermédiaire de ces centres sur l'organisme tout entier, est particulièrement bienfaisante aux sujets atteints d'asthénie nerveuse. Bien que « l'état de faiblesse irritable » qui caractérise cette névrose se manifeste tantôt par des signes d'asthénie, tantôt par des phénomènes d'éréthisme ou d'excitation, l'hydrothérapie et son influence stimulatrice n'en restent pas moins toujours indiquées pour combattre ces deux ordres de symptômes, puisqu'ils ne sont opposés qu'en apparence et qu'ils dérivent de la même cause, la débilité des centres nerveux.

Cependant, tous les procédés de l'hydrothérapie ne conviennent pas indifféremment au traitement de l'épuisement nerveux. En général les neurasthéniques supportent mal les excitations violentes et les soustractions de calorique trop prononcées. Les procédés les plus doux sont de beaucoup préférables, et parmi ceux qui nous paraissent donner les résultats les plus profonds et les plus durables nous citerons les lotions, l'enveloppement dans le drap mouillé, et la douche froide mobile au jet brisé. Mais il ne suffit pas de prescrire telle ou telle méthode d'hydrothérapie, il faut aussi savoir comment on devra l'appliquer.

Drap mouillé avec frictions. — L'enveloppement dans le *drap mouillé* peut être prescrit sans danger dans toutes les formes de la neurasthénie. On se sert d'un drap très dur que l'on trempe dans de l'eau de 20 à 25° et que l'on tord fortement. Quand le drap est ainsi préparé (le malade s'étant dépouillé de tous ses vêtements et se tenant debout) on le déploie et on le jette rapidement sur les épaules et le dos du patient en ayant soin de ramener les bords en avant sur la poitrine, l'abdomen et les membres. Aussitôt on pratique, avec la main appliquée sur le drap mouillé, des frictions régulières sur toute l'étendue du tégument, pendant une ou deux minutes ; cela fait, et le drap étant enlevé, on essuie rapidement le malade avec un autre drap sec et légèrement chauffé en le frictionnant de nouveau méthodiquement. Il s'habille ensuite et marche de façon à favoriser la réaction, ou, s'il est trop faible, il se met au lit pendant une heure et la réaction ne tarde pas à se produire. Les jours suivants, on peut abaisser progressivement la température de l'eau jusqu'à 15 ou 16 degrés. C'est là sans doute un des procédés hydrothérapiques les plus doux, mais il est cependant suffisamment efficace et son emploi est particulièrement recommandable dans les états neurasthéniques où il est indiqué de tonifier les centres nerveux, en évitant d'exciter trop violemment les nerfs périphériques. Ce procédé présente encore cet avantage pratique, c'est qu'il peut être employé à domicile et ne nécessite aucune installation particulière.

Drap mouillé ruisselant sans frictions. — Ce procédé consiste essentiellement à envelopper le patient dans un drap trempé dans l'eau froide mais non tordu, pendant une ou deux minutes, et à le frictionner ensuite légèrement avec un drap sec. Comme le précédent ce procédé produit une action tonique et sédative, mais il est moins excitant. Il constitue en somme un excellent moyen d'entraînement, et de préparation qu'on utilisera avec avantage toutes les fois que le malade ne supportera pas d'emblée la douche ou les frictions au drap mouillé et préalablement tordu.

Lotions froides. — Les *lotions froides* pratiquées dans le *tub*, avec une grosse éponge imbibée d'eau de thermalité plus ou moins élevée, peuvent aussi être employées soit pour entraîner le malade à la douche, soit pour continuer à domicile un traitement commencé dans un établissement.

Douches froides. — La *douche froide*, mobile, en jet brisé, est beaucoup plus active, que l'enveloppement. C'est le procédé de choix qu'il faut prescrire et appliquer à tous les malades qui peuvent se rendre chaque jour dans un établissement hydrothérapique. Le jet brisé doit atteindre d'abord les pieds et les mollets, la surface postérieure du corps, mais en ayant soin de ménager la nuque et la tête. Puis le malade se retourne et on asperge les parties antérieures. On termine en dirigeant le jet, sans le briser, sur les pieds pendant quelques secondes. La durée de la douche doit être très courte, elle ne doit pas dépasser 30 secondes, et si l'eau est très froide d'une température inférieure à 10°, 6 ou 8 secondes suffiront, au moins au début du traitement, pour produire l'action thérapeutique voulue. « Une douche trop courte n'a jamais d'inconvénient ; une douche trop longue est toujours dangereuse » (Fleury).

Il faut cependant à ce sujet tenir compte de la facilité et de la rapidité plus ou moins grande avec laquelle le sujet réagit et ne pas oublier que la durée de la douche doit être en somme proportionnelle à la sensibilité de chaque malade et à son degré d'entraînement.

Après la douche le malade est essuyé, frictionné et se livre à un exercice modéré, afin de faciliter la réaction.

Les pratiques hydrothérapiques que nous venons d'indiquer doivent, pour produire tout leur effet thérapeutique, être continuées pendant une période de temps suffisamment prolongée. Un, deux et trois mois sont généralement nécessaires pour conduire la cure au résultat désiré. Quel que soit le procédé utilisé, enveloppement, lotion ou douche froide, il ne faut pas soumettre le patient à plus de deux applications quotidiennes. On se bornera dans la plupart des cas à un enveloppement ou à une douche administrée le matin aussitôt après le réveil : c'est l'heure la plus favorable. Telle est la méthode qui nous paraît devoir être suivie dans le traitement du plus grand nombre des neurasthéniques. Mais les susceptibilités individuelles des malades, la coexistence de certains états diathésiques en rendent parfois l'application malaisée, sinon impossible.

Ce sont ces difficultés inhérentes à l'état particulier de chaque sujet et les indications spéciales qui en découlent que nous allons maintenant examiner.

Lorsqu'on croit devoir soumettre à l'emploi de la douche froide un neurasthénique qui accuse une répugnance accentuée à l'égard de ce procédé hydrothérapique, il est nécessaire, avant de lui appliquer la douche froide à 8 ou 10 degrés, de l'entraîner en quelque sorte en usant tout d'abord de procédés moins rigoureux. Il serait en effet imprudent de ne tenir compte ni de sa pusillanimité, qui est souvent très grande, ni de son impressionnabilité physique qui est quelquefois très réelle. En le soumettant sans transition et sans ménagement à la douche très froide ou froide (15° et au-dessous) on s'exposerait à aggraver momentanément son état, à lui inspirer une aversion désormais insurmontable pour l'hydrothérapie et partant à le priver d'une action thérapeutique bienfaisante. On peut tâter la sensibilité du patient en se servant d'emblée de la douche froide, mais la durée devra en être très courte (2 à 5 secondes au plus). L'épreuve faite, on aura recours, pour acclimater les sujets que l'eau froide impressionne par trop vivement, soit à la douche chaude ou tiède dont on abaissera progressivement le degré thérapeutique, soit à la douche écossaise. Le premier de ces deux procédés a été l'objet de critiques qui nous paraissent fondées. Après la douche tiède ou tempérée, la réaction vasculaire est à peu près nulle ; les malades n'ont aucune tendance à se réchauffer spontanément ; ils ont du frisson, et le refroidissement superficiel de la peau persistant, l'effet obtenu n'est rien moins que favorable. La douche fraîche (18 à 25°) présente à peu près les mêmes inconvénients. La réaction calorique qu'elle développe est souvent insuffisante ; elle peut provoquer le retour ou le développement de douleurs névralgiques ou rhumatismales. La douche écossaise est un meilleur mode de préparation à l'eau froide ; elle doit être préférée aux procédés précédents. Elle consiste à donner tout d'abord une douche chaude à une température de 36 ou 37 degrés qu'on élève progressivement et assez rapidement à 40 ou 45 degrés. A ce maximum de thermalité, la douche chaude est continuée pendant trente secondes, une minute, deux minutes au plus et brusquement, sans transition, on abaisse la température de l'eau à 8 ou 10 degrès ; la durée de la douche froide ne devant pas excéder dix à quinze secondes (F. Bottey).

Il est des neurasthéniques qui, quelle que soit la méthode d'entraînement employée, ne peuvent supporter l'action de la douche même à température modérée. C'est alors qu'il faut avoir recours, à titre de traitement définitif, aux procédés sans percussion que nous avons déjà indiqués, tels que les frictions humides, les lotions, les enveloppements avec le drap mouillé ou bien le demi-bain fixe, le demi-bain refroidi. Certains neurasthéniques se montrent tout à fait réfractaires à l'eau froide; quelle que soit la manière dont on l'applique, ils éprouvent au moment du contact une impression tellement pénible que l'hydrothérapie froide doit être définitivement écartée de leur traitement.

Il est une catégorie de malades qui, sans être trop vivement impressionnés par le contact de la douche froide, voient leur irritabilité nerveuse, leurs malaises divers s'accroître sous l'influence de ce procédé hydrothérapique. Et quelquefois les procédés atténués de la lotion froide, de la friction humide ne leur réussissent guère mieux. On rencontre à cet égard dans la pratique des susceptibilités individuelles qu'il faut savoir respecter. Quelques-uns de ces malades hyperexcitables tolèrent cependant assez bien l'immersion dans la piscine à eau dormante et à température modérée (16° à 20°), à la condition que la durée de l'immersion ne dépasse pas une demi-minute ou une minute au plus. Sous cette forme l'usage de la piscine peut produire des effets toni-sédatifs ; tandis que la piscine froide à eau courante détermine chez la plupart des neurasthéniques des phénomènes d'excitation qu'il faut éviter à tout prix.

Bain tempéré. — On pourra encore prescrire à ces neurasthéniques le *bain tempéré* à 28 ou 32 degrés. Dans le bain, le malade doit éprouver une sensation de fraîcheur agréable, mais n'allant pas jusqu'au frisson. La durée du bain variera suivant l'impression ressentie par le sujet. Dès que le frissonnement se produit, celui-ci doit sortir de la baignoire. Lors des premières séances, la sensation de froid vif apparaît dès la seconde ou la troisième minute ; mais à la longue le malade dont la sensibilité s'émousse, finit par y séjourner cinq minutes et même plus. Il est bon de maintenir, pendant la durée du bain, une compresse froide sur la tête du patient. Après le bain le malade sera simplement enveloppé dans une couverture de laine. Le bain tempéré est suivi généralement d'une réaction modérée, mais suffisante, et ses effets toniques et sédatifs sont des plus nets.

Chez les neurasthéniques *rhumatisants* ou *arthritiques*, il ne faut user de l'eau froide qu'avec beaucoup de prudence et de modération. Il est incontestable que les applications froides, même de courte durée, réveillent assez fréquemment chez ces sujets des douleurs rhumatoïdes. Dans ce cas mieux vaut s'en abstenir complètement. Il faut alors utiliser, pour le traitement hydrothérapique de ces malades, soit le bain tiède, soit la douche chaude ou bien la douche écossaise.

Bain tiède. — Le *bain tiède* (de 33° à 36°) est à peu près sans action sur la température du corps. Accompagné de frictions savonneuses, il assouplit la peau, ravive ses fonctions physiologiques et agit favorablement sur les nerfs périphériques. Ses effets sont surtout sédatifs : il modère l'activité du cœur, l'excitabilité des centres nerveux et facilite le sommeil. Les résultats qu'on en obtient dans le traitement des neurasthéniques arthritiques sont d'autant plus appréciables que chez la plupart de ces sujets, les symptômes d'excitation se montrent prédominants. La durée du bain doit être de trente à quarante minutes. Prolongé outre mesure, il détermine de la fatigue, de l'accablement. Il est souvent suivi d'un refroidissement plus ou moins marqué de la surface cutanée. Aussi faut-il avoir soin après chaque bain tiède de favoriser la calorification de la peau par des frictions énergiques et un enveloppement suffisant.

La *douche chaude* (33° à 36°), au même titre que le bain chaud, exerce une action sédative; elle modère l'excitabilité réflexe du système cérébro-spinal, calme l'éréthisme cérébral ou cardiaque, atténue l'insomnie. Elle a sur le bain chaud l'avantage d'être moins débilitante, grâce sans doute à l'action percutante du jet et à l'excitation légère qu'il détermine sur l'innervation cutanée Cette douche doit être administrée lentement en pluie mobile, avec une durée de trois à dix minutes. Après la douche chaude comme après le bain, le malade sera frictionné énergiquement et enveloppé soigneusement dans un peignoir chaud.

La douche écossaise, dont nous avons déjà indiqué la technique, pourra être utilisée avantageusement dans le traitement des neurasthénies arthritiques. Elle est à la fois tonique et sédative et n'a pas les inconvénients que présentent les douches froides chez les malades de cette catégorie.

Nous devons maintenant passer en revue les procédés hydrothérapiques qui sont spécialement applicables au traitement de certains symptômes prédominants ou fondamentaux des états neurasthéniques.

Contre la *céphalée* et les *vertiges* les applications modérément excitantes sont celles qui conviennent le mieux. Mais elles doivent être employées avec beaucoup de prudence du moins au début du traitement; on pourra essayer la douche froide en jet brisé, en ne dirigeant le jet que sur les membres inférieurs et la moitié inférieure du tronc. C'est dans ces cas qu'il faut soigneusement éviter de toucher la nuque et la partie supérieure du dos. L'expérience a montré qu'en effet les applications d'eau froide sur cette région provoquent ou aggravent les vertiges chez les neurasthéniques qui y sont sujets. On peut encore, et c'est là une manière de procéder plus modérée et plus prudente, commencer le traitement en administrant la douche écossaise à température décroissante.

Aux malades souffrant d'insomnie persistante on prescrira la douche chaude (de 34° à 36°) d'une durée de trois à cinq minutes et à percussion légère. Le bain tiède à 30 degrés, de courte durée, auquel on associe des affusions plus froides sur la tête, donne de bons résultats, dans les cas d'insomnie avec prostration marquée.

Le *maillot humide* produit une action calmante sans être débilitant. Il est parfaitement indiqué dans les cas d'*insomnie*. On doit alors l'appliquer dans la chambre même du malade, le soir, au moment d'aller se coucher. Ce procédé est très efficace. Les Allemands en abusent peut-être un peu ; mais il ne mérite certes pas l'oubli dans lequel il est tombé en France. Il réussit parfois là où la douche et les bains ont échoué. Voici quelle en est la technique : on étale sur le lit deux couvertures de laine et par-dessus les couvertures on étend un drap que l'on vient de tordre après l'avoir trempé dans de l'eau à 10 ou 15°. Le malade se place sur le drap ; on l'asperge rapidement de quelques gouttes d'eau froide et on l'enveloppe de telle sorte que toute la surface du corps soit en contact avec le drap humide; après quoi on replie les couvertures. Pour obtenir les effets toniques et surtout sédatifs que l'on recherche, on laisse le malade ainsi enveloppé pendant dix, quinze ou vingt minutes. Après le léger frisson du début, le pouls d'abord accéléré se ralentit; le malade éprouve un sentiment de bien-être et de calme, quelquefois il ressent un engourdissement général, de la somnolence et enfin le besoin de dormir se produit. Si l'on prolongeait l'application du maillot humide au delà du terme indiqué, on déterminerait une réaction diaphorétique que l'on doit éviter.

Contre l'*atonie gastro-intestinale* on pourra prescrire la douche abdominale en éventail, la douche dorso-lombaire, la douche alternative localisée sur l'abdomen, d'une durée de deux minutes (Bouveret) ou bien encore la ceinture épigastrique mouillée. Cette dernière application produit une action locale révulsive et excito-motrice qui est très favorable aux malades affectés de dyspepsie atonique et de constipation. Elle constitue un véritable bain de vapeur local. La ceinture épigastrique ou abdominale consiste en une bande de toile large de 20 à 35 centimètres et assez longue pour faire trois fois le tour du corps. Le premier circulaire seul est mouillé, les deux autres tiers de la pièce de toile sont secs et recouvrent exactement le premier. On enroule par-dessus une bande de flanelle. La durée de l'application varie de quinze à trente minutes.

La *rachialgie*, les douleurs précordiales sont généralement calmées par les douches chaudes ou écossaises localisées. Quant aux procédés hydrothérapiques qu'il convient d'employer contre les symptômes *génito-urinaires* (spermatorrhée, impuissance, névralgies, etc.), nous les décrirons en détail lorsque nous exposerons le traitement hygiénique de la forme génitale de la neurasthénie.

En somme l'hydrothérapie ne doit être mise en œuvre dans le traitement de l'asthénie nerveuse qu'avec beaucoup de prudence. Les applications froides, lorsqu'elles sont données sans mesure, peuvent aggraver l'état du patient. Il faut toujours tenir compte des susceptibilités individuelles des malades, de leur état général et des troubles prédominants qu'ils accusent. Il est indispensable au début du traitement de tâter pour ainsi dire la sensibilité de chaque sujet et de bien observer sa manière de réagir; les procédés les plus doux sont les meilleurs. Telles sont les données générales qui doivent, croyons-nous, guider le médecin dans l'application des méthodes hydrothérapiques applicables à la cure de l'épuisement nerveux.

CHAPITRE V

Climatothérapie. — Choix d'une station.

On sait que la plupart des neurasthéniques
sont extrêmement sensibles aux influences atmosphériques. Les froids rigoureux comme les cha-
leurs excessives les impressionnent désagréable-
ment et leur sont également défavorables. Il est
certain en effet que beaucoup de ces malades
voient leur état s'améliorer pendant les saisons
intermédiaires et leurs symptômes s'aggraver au
contraire pendant l'hiver et pendant l'été. Ce sont
donc les climats tempérés qui leur conviennent
le mieux. Il faut toujours conseiller aux neurasthéniques qui sont à même d'abandonner leur
domicile pendant plusieurs mois consécutifs, de
séjourner durant les saisons extrêmes dans une
station convenablement choisie. En les éloignant
ainsi des lieux où ils ont déjà plus ou moins longtemps souffert et où se trouvent généralement
réunies les causes diverses qui ont provoqué le
développement de leur névrose, on les soustrait

aux impulsions suggestives si nuisibles de leur
entourage et de leurs habitudes, en même temps
qu'on les fait bénéficier de l'influence bienfaisante
que le séjour en un site agréable et sous un
climat plus doux peut exercer sur leur état mental
et sur leur condition physique. Mais nous nous
sommes proposé d'étudier plus particulièrement
dans ce chapitre l'action hygiénique des différents
climats sur les diverses catégories de neurasthéniques. Cette étude nous conduira naturellement
à préciser les règles qui doivent guider le médecin
dans le choix d'une station climatérique. Nous
examinerons successivement les effets physiologiques :

　　1° Des climats de montagne;
　　2° Des climats de plaine;
　　3° Des climats maritimes.

Climats de montagne. — Le séjour à la montagne jouit d'une vogue méritée dans le traitement
des états névropathiques et de la neurasthénie en
particulier. C'est pendant l'été, durant les mois
de juillet et août, que les climats d'altitude sont
particulièrement recommandables. Cette cure climatérique est à coup sûr préférable, au moins
pour le plus grand nombre des neurasthéniques,
aux cures thermales ainsi qu'au séjour dans les
stations maritimes.

Les caractères climatériques des stations d'al-

titude sont multiples : la pression atmosphérique
y est relativement basse ; la température moins
élevée et l'écart entre les moyennes thermiques
du jour et de la nuit plus accusé ; le ciel y est
moins nuageux que dans les plaines et les basses
vallées ; l'air y est plus sec et plus pur ; la radiation solaire y est plus vive et si la station est convenablement exposée, les grands courants atmosphériques n'y arrivent que coupés et affaiblis par
les chaînes voisines. La station choisie ne doit
pas être trop élevée, on sait que le passage direct
des lieux bas à une altitude suffisamment élevée
(de 1600 à 2000 m. et au-dessus par exemple) produit chez les sujets normaux des effets physiologiques particuliers : ce sont des modifications de
la respiration, du rythme cardiaque, de la température centrale, etc. Dans son traité de climato-
thérapie, Weber rapporte que sur quarante-quatre
individus observés par lui dans les conditions
précitées, il a constaté que la fréquence du pouls
était à peine modifiée chez trente-deux sujets,
qu'elle était augmentée chez dix d'entre eux dans
la proportion de 5 à 18 pour 100 et légèrement
atténuée chez deux personnes. Sur quarante sujets
qui venaient de passer des basses plaines à des
hauteurs variant entre 1200 mètres et 2400 mètres
au-dessus du niveau de la mer, il observa également dans les premiers jours qui suivirent le
changement d'altitude que le nombre des respira-

tions s'était accru de deux à cinq inspirations par
minute. Sur quatre-vingt-dix personnes observées
après un séjour de deux à vingt semaines dans
les stations élevées, il trouva que chez le plus
grand nombre de ces sujets le chiffre de ces inspirations n'avait pas varié, que chez les autres
il était soit diminué, soit augmenté de deux à
quatre par minute. Mais d'autres observateurs
sont arrivés à des résultats tout différents.

C'est qu'en effet, l'état psychique du sujet
observé, son alimentation, la température extérieure et d'autres influences encore peuvent
modifier le rythme de la respiration et du pouls.
Ces recherches, malgré leur apparente précision,
sont entourées de bien des causes d'erreur; on
ne saurait donc en tirer de conclusions fermes
en ce qui concerne l'action du changement et
du degré d'altitude sur les mouvements du cœur
et de l'appareil respiratoire. Il n'en est pas de
même des modifications qui ont été notées dans
la composition du sang. M. Viault [1] a constaté
une augmentation des globules rouges chez cinq
personnes séjournant depuis peu de jours à une
altitude de 4000 mètres. Ses recherches ont été
reprises, mais pour une altitude moindre (1800 m.),
par M. F. Egger [2]. Les observations de cet auteur

1. Viault, *Comptes rendus de l'Acad. des scienc.*, C. XI.
2 Fritz Egger, in *Handbuch der Neurasthenie* von
Fr. Muller.

ont porté sur vingt-sept sujets normaux ou neurasthéniques et il a noté que très rapidement, en moyenne après quatre ou cinq jours de séjour à la station d'Aros, le chiffre des globules rouges s'était élevé de 5 459 666 à 6 357 047 par millimètre cube. Après quelques semaines ou quelques mois de séjour, le sang de ces mêmes sujets présentait encore un léger accroissement du nombre des globules (7 000 000 en moyenne). Les recherches de M. Egger sur les modifications parallèles de l'hémoglobine du sang et du chiffre des globules chez l'homme, ses expériences sur les animaux, que nous ne pouvons exposer ici en détail, tout conduit à admettre que cette augmentation de la richesse globulaire du sang produite sous l'influence de l'altitude est bien réelle, qu'elle n'est que partiellement imputable à la concentration du liquide, c'est-à-dire à la diminution de la masse totale du sérum, et qu'il s'agit en somme d'un phénomène d'adaptation physiologique de la constitution du sang à la raréfaction relative de l'oxygène de l'air atmosphérique. Cette interprétation, si elle est exacte, permettrait d'expliquer le mécanisme des troubles que présentent beaucoup de sujets normaux dans les premiers jours qui suivent leur arrivée à des altitudes de 2000 mètres et au-dessus. Ces troubles, d'ailleurs peu accentués, consistent en un léger éréthisme de l'appareil circulatoire, avec tendance à l'essoufflement et un certain état de dépression mentale. Ils rappellent assez exactement les symptômes accusés par les anémiques. C'est donc à une sorte d'*oligocytémie relative* qu'il faudrait imputer les troubles de la respiration et de la circulation qu'on observe chez les individus nouvellement venus dans les hautes montagnes.. Chez les personnes jouissant d'une bonne santé, l'adaptation physiologique aux conditions nouvelles s'accomplit rapidement et les troubles de la période d'acclimatement durent peu. Il s'ensuit que les neurasthéniques en état d'anémie profonde, ceux dont la nutrition est gravement atteinte, ou bien encore ceux qui par suite de l'âge ou de maladies constitutionnelles concomitantes ne sont pas en état de faire les frais de cette adaptation, ne devront pas se rendre dans les stations climatériques très élevées. Les grandes altitudes, celles qui atteignent ou dépassent 2000 mètres, leur seront peu favorables et parfois même ne seront pas tolérées. Une altitude moyenne de 1000 à 1600 mètres est généralement suffisante. Seuls les neurasthéniques qui ont conservé un bon état général, ceux qui sont atteints d'une forme légère de l'épuisement nerveux, et surtout les convalescents pourront séjourner avec profit, durant les mois d'été, à des altitudes supérieures. C'est avec raison que M. Ziemssen conseille deux séjours à la montagne, le premier vers le milieu du printemps, à une altitude moindre (de 500 à 1000 m.) pendant lequel le patient se repose des fatigues de l'hiver et s'acclimate au climat d'altitude, l'autre durant l'été, à une altitude plus élevée.

Outre l'altitude convenable, une bonne station de montagne doit réunir d'autres conditions hygiéniques; il faut qu'elle soit suffisamment abritée des vents; que le site en soit pittoresque et tel que la vue puisse embrasser de vastes horizons. Il faut enfin que sans fatigue les malades puissent trouver dans les environs des promenades et des excursions faciles. Enfin l'installation matérielle doit être confortable.

Lorsque toutes ces conditions sont réunies, le climat de montagne, l'expérience l'a prouvé, exerce sur l'ensemble des fonctions organiques et sur le système nerveux des sujets anormaux une action éminemment favorable, à la fois sédative et fortifiante. Sous l'influence de la vie active en plein air, des excursions en terrain accidenté, de l'excitation générale que déterminent la fraîcheur de l'air et la radiation solaire, les échanges nutritifs sont activés, l'appétit augmente et par conséquent une plus grande quantité d'aliments est ingérée, de telle sorte que si l'on n'abuse pas des longues marches, des ascensions, le poids du corps s'accroît notablement. Grâce à l'activité déployée chaque jour, les muscles qui concourent à la respiration acquièrent une plus grande

énergie et les inspirations se font sinon plus
fréquentes, du moins plus profondes; l'énergie
contractile du cœur et des vaisseaux s'accroît pa-
reillement. L'hématopoïèse se fait plus complètement; le sommeil est meilleur. L'air frais et sec
favorise l'élimination d'une plus grande quantité
de vapeur d'eau. En somme, la nutrition des centres nerveux et des autres organes se trouve
améliorée. Tels sont les effets physiologiques du
climat de montagne. Voyons maintenant quelle
est son action sur les neurasthéniques.

Il est certain que la plupart de ces malades
bénificient de cet accroissement d'activité vitale
que le séjour en montagne imprime à l'organisme
tout entier. Quelques neurasthéniques éprouvent
au début de leur séjour, alors même que l'altitude
du lieu est égale ou supérieure à 1000 mètres, de
l'essoufflement, des palpitations cardiaques, en
un mot les divers troubles qui peuvent se manifester, nous l'avons vu, chez les sujets normaux
passant sans transition à 2000 mètres et au-
dessus. Il faut recommander à ces malades de se
tenir au repos, durant les premiers jours de leur
acclimatement.

Les premières courses à pied doivent être très
courtes et entrecoupées de haltes fréquentes. Mais
au bout de huit ou dix jours, les malaises du
début se dissipent complètement; une activité
musculaire plus grande sera alors permise; il im-

porte toutefois de toujours régler par doses pro-
gressives les promenades et les excursions. Les
patients ne doivent en éprouver qu'une sensation
de fatigue légère, agréable, mais nullement douloureuse. La céphalalgie, la rachialgie, les troubles
digestifs dépendant de l'atonie gastro-intestinale
dans sa forme légère, l'asthénie musculaire, tels
sont les symptômes neurasthéniques qui s'atténuent le plus rapidement et le plus régulièrement
sous l'influence du climat de montagne. Par
contre l'insomnie est là comme toujours le trouble
tenace par excellence : rarement il disparaît d'une
manière complète. Les malades qui dorment bien
d'habitude éprouvent quelquefois de l'insomnie
durant les premières nuits de leur séjour; mais
ce trouble disparaît bientôt comme tous les autres
malaises de la période d'acclimatement; il y a des
neurasthéniques dont le sommeil reste irrégulier
et insuffisant pendant toute la durée de la cure
et qui ne se reprennent à dormir d'un sommeil
paisible que lorsqu'ils ont réintégré leur domicile.
Il en est enfin, mais ces cas sont exceptionnels,
qui dès leur arrivée à la montagne, sont tourmentés
par une insomnie telle qu'ils doivent interrompre
leur cure. On observe à cet égard des idiosyncra-
sies, des susceptibilités individuelles qu'il est
impossible de prévoir.

Ces données générales nous permettent d'établir les indications du climat de montagne dans

le traitement de la neurasthénie. Ce climat exerce incontestablement une action stimulante et tonique sur les centres nerveux, sur les grandes fonctions de l'économie, la circulation, la respiration et la digestion ; c'est pourquoi il peut être conseillé à la plupart des sujets atteints d'épuisement nerveux. Il est particulièrement indiqué dans les cas de cérébrasthénie où prédominent les symptômes de dépression cérébrale, lorsque l'asthénie cérébrale, l'inaptitude au travail, et la céphalée se sont développées sous l'influence du surmenage intellectuel ou de chagrins prolongés ; dans les cas de neurasthénie cérébrospinale peu graves qui s'accompagnent seulement d'atonie des voies digestives ou d'un léger degré d'anémie ; enfin un séjour dans la montagne est tout à fait favorable aux neurasthéniques convalescents dont la guérison encore récente demande pour ainsi dire à être consolidée.

Par contre il faut se garder d'envoyer dans les stations dont l'altitude est égale ou supérieure à 1000 mètres, les neurasthéniques dont la nutrition a déjà subi une atteinte sérieuse, ceux qui souffrent de la forme grave de l'atonie gastro-intestinale, ceux qui par suite de la longue durée et de l'intensité de leurs malaises ou par le fait d'une alimentation insuffisante, sont tombés dans un état de faiblesse et d'anémie qui les rend incapables de toute activité musculaire, ceux qui

présentent des symptômes d'excitation cérébrale
très prononcés, ceux encore chez lesquels l'éréthisme cardiaque a acquis une grande intensité
et qui souffrent soit de palpitations violentes, soit
de tachycardie permanente. Les hautes altitudes
sont également peu favorables aux neurasthéniques rhumatisants, à ceux que tourmentent les
obsessions anxieuses, l'agoraphobie notamment,
ou qui sont sujets à de fréquents accès de vertige.
Ces diverses catégories de malades devront s'installer, durant l'été, soit dans les plaines, soit dans
les stations subalpines d'une altitude de 400 à
900 mètres, bien abritées des grands courants
atmosphériques. Encore est-il nécessaire que la
station qu'ils auront choisie présente tous les éléments du traitement qui leur est prescrit (confortable, surveillance médicale, hydrothérapie, etc.).
Il y a en France, dans les Alpes de Savoie et le
Dauphiné, plusieurs vallées admirablement situées
et tout à fait propres au séjour des neurasthéniques. Mais les établissements qu'on y trouve sont
généralement d'une installation défectueuse. Aussi
la plupart de ces malades se dirigent-ils vers la
Suisse.

Climats de plaine. — Les climats de plaine
n'ont pas d'action spéciale sur les états neurasthéniques. Ils n'agissent d'une façon favorable
sur les malades atteints d'épuisement nerveux

que d'une manière indirecte. S'ils aident à l'efficacité du traitement dirigé contre l'asthénie nerveuse c'est surtout parce que les sujets qui s'en
vont séjourner dans une station de choix, y trouvent en même temps qu'ils s'éloignent de leur
milieu habituel et des causes qui ont suscité le
développement de leur névrose, un climat plus
doux en hiver et moins chaud en été, leur permettant de séjourner au plein air durant la majeure
partie du jour, des sites plus agréables, en un mot
tout un ensemble de sensations nouvelles qui
exercent une influence favorable à la fois sur leur
état mental et leur état physique. Il y a lieu
cependant de conseiller de préférence aux neurasthéniques pour lesquels le climat de montagne et
le climat maritime sont contre-indiqués, de s'installer au bord des lacs de la Suisse ou de l'Italie du
Nord, ou tout simplement à la campagne, loin du
bruit et du mouvement des villes; c'est là seulement qu'ils trouveront le calme parfait et le repos
qui leur sont nécessaires. Toute action climatérique mise à part, le séjour à la campagne exerce
une influence on ne peut plus salutaire sur la plupart des symptômes de la neurasthénie. Il doit être
surtout recommandé aux neurasthéniques qui
habitent les villes. Nous l'avons maintes fois
observé, une villégiature de quelques semaines
suffit à produire, chez ces sujets, une amélioration que plusieurs mois de traitement à la ville

n'avaient pu leur donner. Ce sont surtout les neurasthéniques chez lesquels prédominent les symptômes d'excitation qui sont appelés à bénéficier d'un séjour à la campagne suffisamment prolongé et de l'isolement relatif qu'il réalise ; la céphalée, l'insomnie, l'excitabilité des sens, l'émotivité, tels sont les troubles qui nous ont paru s'amender plus particulièrement.

Climats maritimes. — Le séjour au bord de la mer doit-il être conseillé ou interdit aux neurasthéniques ? Cette question est très controversée. Beaucoup de neurasthéniques se dirigent spontanément vers les stations de l'Océan en été et vers les stations côtières de la Méditerranée en hiver (Riviera di Ponente, Hyères, Cannes, Nice, etc.). Il est certain que ces malades n'ont pas toujours à se louer de leur séjour malgré qu'ils y aient vécu dans le calme et l'observance des règles d'une hygiène appropriée à leur état. C'est qu'en effet le climat maritime ne convient pas à tous les neurasthéniques. Sur les côtes, l'air est frais et vif et toujours en mouvement, les coups de vent y sont fréquents, les bains de mer même très courts ont une action tonique des plus énergiques ; c'est pourquoi, en général, l'eau de mer et l'air marin n'agissent pas favorablement dans les cas où dominent les symptômes d'excitation : ils aggravent plutôt ces symptômes et quelquefois

16

même provoquent l'apparition de nouveaux troubles. Certains malades sont pris d'insomnie ou s'éveillent fréquemment durant la nuit, qui jusqu'alors dormaient d'un bon sommeil; d'autres se plaignent, plus particulièrement vers le soir, d'une sorte de vague malaise fait de surexcitation mentale, d'énervement accompagné d'accélération notable du pouls et de sensation de chaleur à la peau; il en est qui sont tourmentés par des palpitations cardiaques. — Les neurasthéniques arthritiques hyperesthésiques, ceux dont l'épuisement nerveux se complique de manifestations hystériques, ceux qui sont sujets à des crises d'anxiété, ceux encore qui sont sous le coup d'une dépression morale intense et qui, habituellement tristes, présentent une grande tendance à la mélancolie, se trouvent généralement fort mal d'un séjour au bord de la mer. De même les neurasthéniques qui souffrent ordinairement de douleurs rhumatoïdes accusent fréquemment une aggravation de leurs souffrances. A tous ces malades les climats maritimes, même très secs, doivent être déconseillés.

Par contre le séjour au bord de la mer donne souvent de bons résultats chez les sujets frappés d'épuisement nerveux à la suite de fatigues physiques excessives ou de travaux intellectuels exagérés, et d'une manière générale dans tous les cas où les phénomènes d'éréthisme et d'excitation font à peu près défaut et où prédominent les symptômes de langueur et de faiblesse, tels que l'asthénie musculaire, l'inaptitude au travail, la paresse des fonctions digestives. — Il va sans dire que les neurasthéniques qui se rendent pour y séjourner dans une station de bains de mer doivent s'installer près d'une plage tranquille, loin des villes d'eaux à la mode, se tenir à l'écart de la vie mondaine qu'on y mène et des mille causes de fatigue ou d'excitation qui s'y trouvent généralement réunies. On comprend qu'une pareille villégiature ne serait guère plus hygiénique ni plus profitable au patient que le séjour dans une grande ville quelconque.

Voyages. — Doit-on conseiller les voyages aux neurasthéniques? On ne saurait tracer à cet égard de règle absolue. Il en est des voyages comme de tous les autres moyens employés dans le traitement de l'asthénie nerveuse : ils peuvent produire des effets heureux ou nuisibles suivant qu'ils sont prescrits bien ou mal à propos. C'est pour le médecin affaire de jugement et de tact.

Il est certain que beaucoup de praticiens invitent d'une manière quelque peu banale tous leurs névropathes à voyager. Or il arrive fréquemment que les neurasthéniques ainsi transformés en touristes par ordre médical, voient leur état s'aggraver après quelques semaines de pérégrinations; la plupart, leur exode étant accompli, constatent amèrement qu'ils sont tout aussi malades qu'ils l'étaient au jour du départ. Beard et Charcot ont adressé de fortes et ironiques critiques à ces confrères qui prescrivent invariablement de longs voyages à leurs clients neurasthéniques sans en mesurer ni les indications ni les contre-indications. Pour apprécier à sa juste valeur une semblable méthode il suffit de se représenter ces voyageurs neurasthéniques souffrant d'asthénie musculaire, toujours fatigués, qu'une simple promenade épuise, s'embarquant pour des pays lointains, quittant le bateau pour prendre le train, allant de ville en ville, passant des jours entiers à visiter les monuments et les musées, excursionnant toujours, et dyspeptiques, condamnés à changer sans cesse d'alimentation et de régime. Il est clair qu'un pareil genre de vie est peu fait pour restaurer l'équilibre et l'énergie de leur système nerveux épuisé. On sait que tous les sujets atteints de neurasthénie grave, les débilités, ceux qui souffrent d'atonie gastro-intestinale doivent garder le repos. Il leur faut une vie calme et régulière. Il est évident que les voyages ne leur conviennent nullement et soit qu'ils restent chez eux, soit qu'ils aillent à la campagne, à la montagne ou au bord de la mer, une fois installés dans leur nouveau séjour ils devront s'abstenir des déplacements et des excursions qui les fatigueraient sans profit. Seuls, les cérébrasthéniques, qui ont conservé toute leur force musculaire, qui sont capables de marcher, d'accomplir des promenades un peu longues sans en éprouver trop de fatigue, pourront tirer avantage d'un voyage prudemment conduit. La diversité des images qui se déroulent devant leurs yeux, les impressions nouvelles et agréables qu'ils éprouvent au cours de leurs déplacements agissent favorablement sur leur esprit en modifiant leurs dispositions morales. Mais encore faut-il que ces malades n'abusent pas des excursions, qu'ils évitent tout excès de fatigue physique et surtout qu'ils n'emportent pas avec eux, en quittant leur domicile, les préoccupations et les soucis dont il faudrait précisément les distraire. Malheureusement cette dernière condition, si importante, est souvent bien difficile à réaliser. A quoi bon conseiller un voyage lointain et de longue durée, par exemple, à un commerçant, à un industriel, s'il abandonne à contre-cœur « sa maison », si l'inquiétude et la crainte d'une mauvaise gestion de ses affaires l'accompagnent? Par contre voici un sujet qui a été frappé de neurasthénie cérébrale à la suite d'excès, de surmenage ou de quelque deuil se rattachant à un événement définitif et sur lequel il n'y a plus à revenir; s'il part sans regret, ne laissant derrière lui aucun sujet d'inquiétude, emportant en

quelque sorte toute sa peine morale, ce malade
ne pourra que bénéficier d'un voyage à long
cours, qui l'éloignera pour longtemps du milieu
dans lequel sa maladie s'est développée. Mais
dans la majorité des cas ce sont plutôt les petits
voyages qui sont indiqués. Beard, Ziemssen
recommandent aussi les déplacements de courte
durée dans un site bien choisi et pas trop éloigné.
« A tous ces cérébrasthéniques dont le cerveau souffre d'un travail intensif et de vives
préoccupations, écrit M. Bouveret, je prescris
d'aller passer quelques jours ou quelques semaines dans les montagnes de la Suisse ou du Dauphiné pendant l'été, au bord de la Méditerranée
pendant l'hiver. Ils n'abandonnent pas complètement leurs affaires ; ils les quittent volontiers
pour quelques jours. Ils vont se reposer sans
emporter avec eux le souci de sentir leurs entreprises péricliter pendant une longue absence.
Arrivés au but du voyage, ils y passent quelques
jours dans le calme et le repos du corps et de
l'esprit. » Ce conseil nous paraît excellent, car un
voyage de ce genre peut être effectué deux ou
plusieurs fois chaque année sans grand dommage
pour les occupations professionnelles. Mais il faut
interdire aux malades de se livrer durant leurs
villégiatures à des marches trop prolongées, à des
excursions trop fréquentes. Ils doivent absolument éviter toute fatigue physique.

CHAPITRE VI

Exercice et Gymnastique.

L'exercice musculaire produit, on le sait, lorsqu'il est convenablement adapté au sujet qui s'y
adonne, des effets physiologiques on ne peut plus
favorables. Il active la circulation sanguine,
accroît les échanges respiratoires en amplifiant
et en accélérant le jeu des poumons; il excite
aussi indirectement le fonctionnement de tous les
organes y compris les organes sécréteurs, et suré-
lève la nutrition générale des tissus; enfin, en provoquant la contraction des muscles des parois
abdominales, il produit une sorte de massage des
organes creux situés dans cette cavité qui peut
faciliter la circulation des matières qu'ils contiennent. Indépendamment de ces effets locaux
ou généraux, les exercices du corps produisent
encore sur les centres nerveux une série d'incitations dont la valeur hygiénique et thérapeutique ne saurait être contestée et qui doivent par
conséquent être utilisés dans le traitement des

états neurasthéniques. Mais il ne suffit pas de prescrire l'exercice musculaire d'une manière vague, en laissant au malade le soin de discerner quel est le genre et la dose d'exercice qui lui convient : on s'exposerait ainsi à de cruels mécomptes. Il n'est pas rare de voir le patient aggraver son état pour s'être livré à un travail musculaire excessif ou mal réglé. Le choix d'un exercice et sa réglementation est un élément important dans le traitement de la neurasthémie et qui exige toute l'attention du médecin. Il varie naturellement suivant l'état général du malade et suivant le degré et la forme de son affection ; mais il n'est à vrai dire aucun cas dans lequel l'exercice musculaire ne doive figurer sous une forme ou sous une autre dans la thérapeutique hygiénique de l'épuisement nerveux.

Il y a tout un groupe de malades auxquels il semble au premier abord que tout travail musculaire doive être interdit ; tels sont les sujets qui par suite de troubles gastro-intestinaux graves et prolongés sont tombés dans un état d'amaigrissement et de faiblesse profonde, ceux dont l'asthénie musculaire est extrême et que quelques légers mouvements suffisent à épuiser. Ces neurasthéniques cependant ne doivent pas, comme on pourrait le croire, être laissés au repos absolu. Une inertie musculaire complète leur serait tout aussi nuisible qu'un travail exagéré, mais il est évi-

dent que seuls les procédés d'exercice les plus
doux conviennent à ces malades et que pour eux
plus que pour tous les autres la règle du dosage
progressif du travail, de l'entraînement lent et
méthodique, doit être rigoureusement obéie. Les
neurasthéniques dont il s'agit ici sont constamment en imminence de fatigue; leur réserve
d'énergie neuro-motrice est pour ainsi dire nulle
et le moindre mouvement *volontaire* suffit à les
accabler. C'est pourquoi on ne saurait leur prescrire, du moins au début, d'autre travail musculaire que celui réalisé par les mouvements *passifs*
et les pratiques du *massage*; le malade étant en
repos, les mouvements communiqués réalisent en
effet comme ceux produits par la contraction
volontaire des muscles (mais sans aucune dépense
d'énergie neuro-motrice, et partant sans fatigue
fonctionnelle des centres nerveux) toute une série
d'excitations musculaires, tendineuses, cutanées,
que les nerfs sensitifs transmettent aux éléments cellulaires de ces centres. Ces excitations
périphériques déterminées par le massage, qui
n'est qu'un mode de mouvement passif, ou par les
mouvements communiqués proprement dits, tendent à tenir en éveil l'activité physiologique des
cellules nerveuses motrices; elles exercent sur
elle des incitations légères; l'image même du
mouvement accompli concourt au même résultat,
c'est-à-dire à conserver l'aptitude fonctionnelle

des centres, sans qu'il puisse en résulter de fatigue pour le patient soumis à ce genre d'exercice. Les exercices passifs et le massage offrent encore le précieux avantage de favoriser la circulation périphérique; ils constitueront donc la gymnastique de choix dans les formes graves de l'épuisement nerveux, et notamment dans les cas où l'asthénie musculaire est très accentuée. C'est pourquoi ils figurent si heureusement dans le traitement systématique préconisé par Weir-Mitchell pour la cure de la neurasthénie féminine; en exposant sa méthode, nous verrons qu'au début du traitement les malades sont soumises à un repos musculaire complet et nécessaire; or, elles ne tarderaient pas à ressentir les fâcheux effets de l'immobilité musculaire (paresse et lenteur de la circulation périphérique, aggravation de l'atonie gastro-intestinale) si le massage, les mouvements passifs et l'électrisation faradique des muscles ne venaient parer à ces inconvénients. Et ce n'est que peu à peu, alors que l'alimentation et la nutrition générale se sont sensiblement améliorées, que l'on en vient à permettre à la malade des mouvements volontaires faibles et rares d'abord et dont on accroît progressivement la dose au fur et à mesure que les forces de la patiente se relèvent sous l'influence du calme, du repos et de la diététique alimentaire qui lui ont été imposés.

Lorsque ces neurasthéniques sont entrées en

pleine convalescence, lorsqu'elles sont capables
de se tenir debout, de marcher sans fatigue
durant un laps de temps plus ou moins long,
elles sont dès lors justiciables des procédés
d'exercice que l'on peut appliquer d'emblée aux
formes légères de l'épuisement nerveux. Les
cérébrasthéniques, les sujets atteints de neurasthénie cérébro-spinale, mais qui ne présentent
qu'un léger degré d'asthénie musculaire, ceux
surtout dont l'impuissance motrice relève de l'affaissement de la volonté, de l'aboulie ou d'an-
ciennes « habitudes » de désœuvrement devront
se livrer à quelque exercice *actif*. En pareil cas le
médecin doit savoir déterminer exactement la *dose*
d'efforts et choisir la *forme* de mouvements qui
conviennent à chaque malade; c'est là, comme le
fait très justement remarquer M. F. Lagrange [1], le
secret de la thérapeutique par l'exercice; c'est là
aussi un problème qui, en ce qui concerne les
neurasthéniques, n'est pas toujours facile à
résoudre.

D'une manière générale il va sans dire que les
exercices de force, la gymnastique à l'aide des
appareils, les jeux athlétiques doivent être systématiquement écartés du régime des neurasthéniques; quelque atténué que soit le degré d'épuisement nerveux que ces malades présentent, cette

---

1. F. Lagrange, *la Médication par l'exercice.*

gymnastique est trop brutale; il ne saurait en être
ici question.

Ce sont les exercices *naturels* et les « jeux »
de plein air qu'il faut conseiller aux malades.
Cependant, au début du traitement et en manière
de préparation aux exercices libres, il sera bon de
les soumettre quelque temps aux mouvements de
la gymnastique médicale telle que la pratiquent
les médecins suédois. Cette gymnastique « à
deux » que nous n'avons pas à décrire ici, de
même que la gymnastique « mécanique » inventée
par Zander, permet en effet plus que toute autre
de doser exactement l'exercice musculaire et au
besoin de le localiser. C'est pourquoi elle nous
paraît constituer une excellente méthode d'entraînement pour les neurasthéniques depuis longtemps accoutumés à une inertie musculaire plus
ou moins complète. Convenablement appliquée,
elle n'impose au patient qu'une tâche graduée et
toujours un peu au-dessous de ses forces, et c'est
là une condition essentielle du relèvement progressif de son énergie musculaire. Mais elle offre
un sérieux inconvénient ; c'est son manque
d'attrait ; beaucoup de neurasthéniques ont
vite fait de s'en désintéresser. Les pratiques de
la gymnastique médicale ne doivent donc,
croyons-nous, être utilisées dans le traitement
de l'épuisement nerveux qu'à titre transitoire
et comme un stage préparatoire aux mouve-

ments plus libres, plus actifs des exercices de plein air.

Les jeux comme le croquet, le tennis, le ballon, les exercices de sport comme la marche, la bicyclette, l'équitation, l'aviron, etc., produisent des effets plus généraux que la gymnastique méthodique. Ils stimulent mieux les grandes fonctions vitales, la respiration, la circulation, et ils sont en outre *récréatifs* : c'est là un avantage dont l'importance est grande dans le traitement des états neurasthéniques. L'intérêt, le plaisir qu'y prennent les malades agissent favorablement sur leurs centres nerveux. Ces occupations récréatives, en même temps qu'elles écartent de l'esprit du patient les préoccupations hypocondriaques, et les idées tristes, lui redonnent la confiance en ses propres forces. Aussi faut-il, à moins de contre-indications particulières, laisser au neurasthénique en état de se livrer à ces exercices la liberté de choisir celui qui a pour lui le plus d'attraits. Mais le médecin ne doit jamais perdre de vue que ces exercices libres et naturels doivent être réglementés et dosés aussi bien que les exercices méthodiques, que le précepte de l'entraînement progressif doit être ici plus que jamais rigoureusement appliqué. C'est à cette condition seulement que l'exercice sera un utile adjuvant dans le traitement hygiénique de l'épuisement nerveux. Si cette règle n'est pas absolument respectée, l'exercice le plus simple et le plus naturel, une marche par exemple, trop longtemps prolongée, ne manquera pas de produire le surmenage, et partant une aggravation de l'état du sujet. Le principe de la méthode préconisée par OErtel dans le traitement de l'obésité nous paraît être de tous points applicable à la réglementation des exercices physiques permis aux neurasthéniques.

SEPTIÈME PARTIE

HYGIÈNE THÉRAPEUTIQUE
ET TRAITEMENT DE QUELQUES FORMES
CLINIQUES DE L'ÉPUISEMENT NERVEUX

CHAPITRE I

Neurasthénie féminine. — Traitement systématique de Weir-Mitchell.

Nous avons esquissé précédemment le tableau clinique de cette forme particulière d'épuisement nerveux qu'on appelle la *Neurasthénie féminine*; nous n'avons donc pas à le retracer ici. Rappelons-en seulement les traits essentiels : les malades sont dans un état de dépression morale extrêmement profonde; le découragement, l'impuissance à vouloir, l'asthénie musculaire sont tellement accusés chez ces femmes qu'elles sont incapables de tout effort; elles languissent dans une inactivité perpétuelle, gardent constamment le lit ou la chaise longue, voilà pour l'état mental;

quant à leur condition physique, elle est généralement tout aussi misérable. Si quelques-unes d'entre
elles ont conservé un certain embonpoint, la plupart sont considérablement anémiées et amaigries ; car, étant ou ayant été dyspeptiques, elles
se sont accoutumées peu à peu à manger insuffisamment, soit parce qu'elles redoutent les malaises qui accompagnent le travail de la digestion,
soit tout simplement parce qu'elles n'ont plus le
courage de manger ; souvent en effet leur anorexie
est de même nature que l'anorexie des hystériques, c'est-à-dire qu'elle dépend bien plus de
l'état mental que d'un trouble réel des fonctions
digestives. Ces faits ont été remarquablement
observés et décrits par M. Weir-Mitchell. Le
mérite de cet auteur est précisément d'avoir su
apercevoir les deux éléments fondamentaux du
syndrome morbide de la neurasthénie féminine :
l'asthénie mentale et la dénutrition organique par
insuffisance d'apport alimentaire, qui se prêtent
un mutuel appui et concourent l'une et l'autre
à entretenir indéfiniment l'épuisement nerveux.
Tels sont les cas que Weir-Mitchell a eu plus
particulièrement en vue lorsqu'il a formulé les
règles du traitement systématique qui porte
aujourd'hui son nom. La caractéristique de ce
traitement c'est qu'il s'adresse à la fois et méthodiquement à l'état mental et à l'état physique de
la patiente ; il remplit ainsi, de la façon la plus

heureuse, la double indication thérapeutique qui s'impose lorsqu'on se propose d'obtenir la guérison de la neurasthénie féminine : refaire de la graisse et du sang à ces femmes amaigries et anémiques, afin de restaurer d'une façon durable la nutrition et l'activité des centres nerveux et en même temps réveiller leur énergie morale, car la déchéance de la volonté est un obstacle au succès de tous les moyens de traitement.

Cette méthode thérapeutique a déjà donné des preuves d'une remarquable efficacité, et bien qu'elle s'adresse aux formes graves et invétérées de la neurasthénie, on compte à son actif de nombreux cas de guérison ; elle a fait mieux apprécier la supériorité des agents physiques sur les médicaments, et mieux sentir en même temps l'importance du traitement moral. Par là elle a été l'origine des progrès qui ont été accomplis dans le cours de ces dernières années, dans le traitement de l'épuisement nerveux.

Nous allons exposer aussi fidèlement que possible la méthode de Weir-Mitchell. Ce qui en constitue l'originalité c'est l'association rationnelle des divers agents hygiéniques et thérapeutiques qui ont été proposés contre l'épuisement nerveux, la combinaison systématique de l'isolement, du repos, du massage, de l'électricité et d'une diététique spéciale qui tend à l'engraissement de la patiente par la suralimentation.

L'*isolement* est nécessaire, c'est là une condition indispensable à la réussite du traitement. Il
doit être complet, rigoureux et continué jusqu'à
la fin de la cure. Le malade doit donc être placé
hors de sa maison et privé de toute communica-
tion directe ou écrite avec sa famille. M. Weir-
Mitchell a insisté avec raison sur la nécessité
qu'il y a à imposer cette mesure au patient et à
ses parents. L'isolement relatif est sans valeur; il
entraîne l'échec du traitement d'autant plus sûrement que l'affection est plus ancienne et plus
grave. « Séparez la malade, écrit Weir-Mitchell[1],
de l'entourage moral et matériel qui est devenu
partie intégrante de sa vie de valétudinaire, et
vous aurez amené un changement non seulement
excellent par lui-même, mais encore extrêmement
avantageux au point de vue du succès du traitement que vous vous proposez d'appliquer. Faut-
il dire que ce premier pas n'est pas essentiel
lorsque la malade, anémique, affaiblie et amai-
grie, est tombée dans cet état par des causes bien
définies, tel qu'un surcroît de travail ou une dyspepsie prolongée? J'ai surtout en vue ce groupe
considérable et si difficile à manier de femmes
émotives, à sang trop clair, pour lesquelles un
mauvais état de santé est une habitude ancienne,

---

1. Weir-Mitchell, *Du traitement méthodique de la Neurasthénie et de quelques formes de l'Hystérie*; trad. de O. Jen-
nings, Paris, 1888.

on pourrait presque dire chérie. Pour ces dernières il n'est souvent pas de succès possible que
l'on ait arrêté ce drame quotidien qui se joue dans
la chambre de la valétudinaire, et qu'on en ait
fini avec cet égoïsme et ce besoin impérieux de
sympathie et de tolérance. Insistons donc sans
hésitation pour obtenir ce changement, car non
seulement nous agissons dans le plus grand intérêt
de la malade, mais encore dans l'intérêt de son
entourage. » Ainsi donc il est vraiment indispensable de soustraire la patiente au milieu dans
lequel elle a longtemps souffert ainsi qu'aux soins
exagérés, aux commentaires incessamment renou-
velés sur ses malaises et ses troubles qui lui
sont prodigués par les personnes de son entourage et qui ne font que cultiver l'état de dépression mentale et de découragement où s'entretient
et s'aggrave sa maladie.

Il faut autant que possible placer la malade
dans un établissement spécial où elle trouvera un
médecin qui surveillera la mise en œuvre des
mesures thérapeutiques dont se composera le
traitement. Une garde-malade doit être attachée
au service de la patiente. Le choix de cette garde
ne doit pas être indifférent ; la réussite ou l'insuccès du traitement peuvent en dépendre. Le
rôle de la garde est en effet des plus importants ; elle ne doit pas être seulement assez
exercée pour exécuter à souhait les prescriptions

du médecin ; il faut encore qu'elle soit suffisamment douée sous le rapport de l'intelligence et du caractère pour bien comprendre la tâche qui lui incombe et pour y apporter tout le tact et toute la fermeté nécessaires. Il ne faut pas oublier que cette femme sera pendant des semaines et des mois l'unique compagne de la malade. Elle doit être assez aimable et bienveillante pour ne s'attirer ni sa haine ni son aversion, assez habile pour la distraire par ses conversations et ses lectures et pour l'aider à supporter patiemment et les soins qui seront commandés et l'ennui d'un long isolement, assez ferme enfin et assez intelligente pour exercer sur elle un certain ascendant et lui imposer sans rigueur la discipline du traitement. Il serait absurde, on le conçoit aisément, de donner pour garde à une femme d'esprit cultivé une infirmière tout à fait illettrée et sans éducation, ou, comme nous l'avons vu quelquefois, une toute jeune fille sans expérience et sans autorité.

Ainsi séparée du monde extérieur, la malade ne reçoit d'autre visite que celle de son médecin. C'est à lui qu'il appartient d'exercer sur l'esprit de la patiente cette action suggestive et réconfortante si nécessaire au relèvement de son énergie morale, de lui redonner enfin par ses paroles et son attitude la confiance qu'elle a perdue et la volonté de guérir. Nous avons déjà dit combien ce rôle du médecin est délicat et difficile, et combien il exige de sa part de patience et de tact.

Il arrive assez souvent que l'isolement est mal supporté par la malade durant les premiers jours qui suivent la séquestration. Les troubles neurasthéniques s'aggravent, la patiente s'énerve, s'agite, réclame impérieusement qu'on la ramène chez elle. Mais tout cet émoi et cette agitation se calment vite si par son langage et son attitude le médecin lui fait vite sentir que ses supplications sont inutiles et qu'elle s'insurgerait en vain contre une volonté éclairée et supérieure à la sienne. La plupart des malades ne tardent pas à se faire à leur nouvelle existence et d'ailleurs les repas, les séances de massage ou d'électrisation, les visites médicales, les conversations et les lectures remplissent aisément toutes les heures du jour en rompant à des intervalles réguliers la monotonie de leur réclusion.

La durée de l'isolement varie nécessairement d'un cas à l'autre. Elle est en moyenne de deux à trois mois. L'isolement ne doit être levé que lorsque l'état mental de la patiente s'est profondément amélioré, lorsqu'elle a récupéré une énergie morale et une activité d'esprit telles qu'elle puisse reprendre sans fléchir ses occupations et sa vie normale.

Le *repos* est un autre élément du traitement de Weir-Mittchell qui est tout aussi indispensable

que l'isolement. Pendant les premières semaines
de la cure il doit être complet, absolu. La malade
est placée dans un état d'inactivité totale ; elle est
couchée dans son lit ; elle est obligée à un silence
relatif ; toute occupation active lui est interdite ;
elle ne doit ni se lever ni se servir de ses mains
sous aucun prétexte. La garde doit la faire manger,
la soulever si besoin est, la traiter en un mot
comme s'il s'agissait d'un sujet sous le coup
d'une fièvre adynamique grave. L'auteur américain insiste sur la nécessité de ce repos absolu de
l'intelligence, des sens et du système musculaire.
Cette condition est, dit-il, éminemment favorable
à la réparation des centres nerveux, au relèvement de la force motrice, à l'apaisement des sensations douloureuses. En outre, dès que les
malades commencent à en ressentir l'influence
salutaire, ils se prennent à désirer le mouvement, à souhaiter ardemment leur retour à l'activité et cette disposition d'esprit est encore un
précieux adjuvant au traitement de l'asthénie
musculaire.

Mais si l'immobilité a ses avantages elle offre
aussi de sérieux inconvénients ; elle tend à
diminuer l'appétit, à accroître l'atonie gastro-
intestinale et la constipation, à maintenir enfin la
circulation périphérique dans un état de torpeur
nuisible à la nutrition générale. C'est pour obvier
à ces inconvénients que Weir-Mitchell a très

ingénieusement associé au repos au lit, le massage et la faradisation des masses musculaires.

Le *massage* doit être pratiqué autant que possible par la garde-malade. Il agit sur la peau, dont il ranime la circulation et les sécrétions, et sur les muscles en excitant leur fonctionnement et partant leur nutrition. Il détermine aussi une accélération notable du cœur et même un léger accroissement de l'excrétion de l'urée (Weir-Mitchell). Voici quelle en est la technique. Après avoir enduit la surface cutanée avec de la vaseline ou de l'huile d'amandes douces légèrement aromatisée, on procède à la première manœuvre qui consiste dans le pincement et les frictions de la peau. On saisit la peau entre le pouce et les autres doigts en la mobilisant sur le tissu cellulaire sous-cutané ; il faut agir d'abord avec beaucoup de modération, puis en allant progressivement on augmente la force et la durée du travail mécanique. Les frictions doivent être pratiquées avec le bord cubital de la main ou avec la main tout entière posée à plat, en procédant de l'extrémité vers la racine des membres. Pour malaxer les muscles on en prend les différentes parties avec le talon de la main ou le bord externe du pouce ; puis on les percute avec le bord cubital de la main en les frappant de petits coups brefs. Pendant ces manœuvres il est nécessaire que le malade s'abandonne bien et s'abstienne de résister aux efforts de l'opérateur ; il faut que ses muscles soient dans un état de relâchement complet et par conséquent que les divers segments du membre soient placés dans l'attitude qui favorise le mieux ce relâchement. Ces manœuvres doivent être poursuivies successivement sur les divers segments des membres, sur les muscles du dos et de l'abdomen. Seuls les muscles de la face et du cou seront respectés.

Le massage de l'abdomen agit efficacement contre la constipation. Il consiste en une série de frictions et de pressions douces d'abord, puis de plus en plus énergiques et exercées sur le trajet du gros intestin, en suivant la direction du côlon ascendant, du côlon transverse et du côlon descendant. Enfin il est nécessaire d'imprimer aux diverses articulations des mouvements passifs et aussi étendus que possible.

Dans les cas de neurasthénie grave dont il s'agit ici, les séances, au début du traitement, doivent être courtes ; vingt minutes suffisent tout d'abord, puis la durée en est progressivement augmentée, — elle ne doit pas dépasser trois quarts d'heure, une heure au plus. Les séances doivent être quotidiennes. Bien conduites, les manœuvres du massage ne produisent ni douleur ni fatigue excessive. Dans les points qui sont le siège d'hyperesthésies ou de douleurs, il est naturellement indiqué de procéder avec beaucoup de douceur,

au moins dans les premières séances. Bientôt
l'accoutumance s'établit et l'on voit des malades
supporter après quelques jours de traitement des
frictions et des pressions énergiques dans des
régions où le moindre attouchement suffisait à
provoquer de vives douleurs.

L'*électricisation* faradique des masses musculaires, en amenant des contractions répétées, produit des effets à peu près identiques à ceux du
massage. Weir-Mitchell préconise les courants
interrompus à intermittences lentes parce qu'ils
sont mieux tolérés que les courants à interruptions
rapides. La séance de massage ayant lieu le
matin, celle de faradisation est pratiquée dans
l'après-midi. La durée en est de vingt à trente
minutes environ.

Toutes ces manœuvres, toutes ces excitations
mécaniques portant sur la peau et les muscles
concourent en somme au même but : elles permettent de laisser les centres nerveux dans une
inactivité complète tout en entretenant le bon
fonctionnement et la nutrition des muscles et
des articulations; elles réalisent des exercices
musculaires passifs dont les bons effets se font
sentir sur les fonctions digestives, sur la circulation et sur la nutrition générale, ou en d'autres
termes une gymnastique à l'accomplissement de
laquelle les centres nerveux encéphaliques et
médullaires ne prennent aucune part.

Voici comment Weir-Mitchell dose et réglemente le repos et le massage dans le traitement de la forme grave de la neurasthénie : la malade est maintenue au repos complet, absolu pendant les premiers jours; après sept ou huit jours d'immobilité, il permet à la patiente de s'asseoir sur son lit pendant une, deux ou trois heures chaque jour. Vers la fin de la troisième ou de la quatrième semaine, la malade est autorisée à se lever et à rester assise une ou deux heures, soit le matin, soit dans l'après-midi; dans la seconde moitié du second mois, la station verticale est permise pendant six ou huit heures, c'est alors que la malade commence à marcher. Ses promenades se bornent tout d'abord à quelques pas. Il est bon que le médecin assiste à ces premières tentatives de déambulation pour en régler lui-même l'allure et la durée, de façon à augmenter progressivement l'exercice musculaire.

Pendant le troisième mois la malade est devenue une convalescente qui peu à peu récupère toute l'activité d'une femme en bonne santé, et, si le cas est favorable, elle est alors invitée à reprendre la vie commune. Mais il est clair qu'il n'y a pas de règles absolues et que les temps de repos et d'exercice doivent être dosés, au moment où l'amélioration s'affirme, suivant les indications propres à chaque cas particulier.

En ce qui concerne le massage, il est bon de

n'y avoir recours qu'au bout de cinq à six jours de repos complet. Les séances seront d'abord très courtes (de 20 à 30 minutes) et quotidiennes, puis on en augmentera la durée progressivement jusqu'à ce qu'elle soit d'une heure. Vers la fin du traitement, quand la malade commence à marcher on revient aux séances d'une demi-heure, puis on les espace de deux jours en deux jours. On cesse complètement le massage et la faradisation au moment où la malade est capable de rester debout, d'aller et de venir toute la journée.

Diététique; suralimentation. — Cette diététique a une grande importance, mais avant de l'instituer il est indispensable de se rendre compte de l'état des fonctions gastriques. Elle est aisément tolérée lorsque la malade est seulement affectée d'atonie gastro-intestinale et mieux encore quand l'anorexie relève à peu près exclusivement de l'état mental, et qu'elle n'a en somme, comme l'anorexie des hystériques, que la valeur d'une idée fixe. Par contre il convient d'appliquer la méthode avec plus de prudence et de modération lorsqu'il s'agit d'une malade depuis longtemps dyspeptique et qui en est arrivée à la phase de dilatation permanente avec stase et fermentations acides. Dans les cas où l'ectasie gastrique s'est compliquée à la longue de catarrhe stomacal, il nous paraît préférable de rechercher et d'obtenir par un traitement local et des soins particuliers l'amélioration des fonctions de l'estomac avant d'appliquer à la patiente le régime alimentaire préconisé par Weir-Mitchell. Voici quels sont les préceptes formulés par cet auteur touchant la diététique : dans la presque totalité des cas on débute par le régime lacté. La malade absorbe chaque jour de 2 à 3 litres de lait par prises de 260 grammes, toutes les deux heures. Après sept ou huit jours de diète lactée, la patiente fait à midi un léger déjeuner, composé d'une côtelette. Puis au bout de trois ou quatre jours on élève progressivement la ration alimentaire en ajoutant à la ration précédemment indiquée une tranche de pain beurré deux ou trois fois par jour. Vers le dixième ou le quinzième jour la malade fait trois repas complets tout en continuant à prendre, soit aux repas, soit dans les intervalles, de un litre et demi à 2 litres de lait. A partir du vingtième jour on lui donne en outre au moment des repas environ 100 grammes d'extrait de malt liquide destiné à favoriser la digestion. On peut encore prescrire la « soupe de bœuf » (beeftea) : c'est une infusion de viande de bœuf préparée au bain-marie et additionnée de quelques gouttes d'acide chlorhydrique et filtrée.

M. Weir-Mitchell estime que le beurre doit entrer pour une large part dans l'alimentation. En hiver il prescrit même une ou deux onces d'huile de foie de morue et si l'estomac tolère mal ce corps gras, il le fait prendre en lavement associé à une infusion de pancréas préparée à une température de 60 à 80 degrés. Enfin il permet une certaine dose d'alcool sous la forme de quelques gouttes de whiskey ou de deux verres de champagne.

Tous les médicaments, bromures, chloral, morphine, etc., dont ces malades sont pour la plupart habituées à user et même à abuser doivent être supprimés. Weir-Mitchell se borne à conseiller pour combattre la constipation de 5 à 10 centigrammes d'extrait aqueux d'aloès que la malade prend vers le soir. Il prescrit encore le fer contre l'anémie.

Telle est la méthode de thérapeutique préconisée par l'auteur américain dans les formes graves et invétérées de la neurasthénie féminine. Elle vise, ainsi que nous le disions au début de ce chapitre, les deux grands symptômes de cet état neurasthénique, à savoir la dépression de l'énergie morale et de la volonté ainsi que l'amaigrissement et l'anémie causés par l'insuffisance de l'alimentation. Si l'on réfléchit quelque peu aux indications que comporte un pareil syndrome, on reconnaîtra que ces indications sont parfaitement remplies par ce traitement d'où la pharmacopée est exclue, et dont la psychothérapie et l'hygiène thérapeutique font en somme tous les frais.

En Angleterre, M. Plagfair a beaucoup con-

tribué à répandre le traitement de Weir-Mitchell.
En France, Charcot, M. Bouveret et quelques
autres cliniciens (dont nous-même) l'ont également expérimenté avec succès. Si parfois il ne
produit qu'une amélioration passagère, il a donné
dans un très grand nombre de cas des guérisons
complètes et définitives. On peut donc affirmer
hautement sa très réelle valeur.

En Allemagne, Leyden, Biswanger, Burkart
ont apporté à la diététique de Weir-Mitchell des
modifications plus ou moins heureuses.

Leyden recommande le régime d'engraissement
que voici :

Le matin.

A 7 heures : 500 c. c. de lait à prendre en 30 minutes.

8   —   1 petite tasse de café avec crème, 80 gr. de viande froide, 3 tranches de pain blanc beurré, 1 assiette de pommes de terre frites.

10   —   500 c. c. de lait, 3 biscottes.

Midi   500 c. c. de lait.

Après-midi.

1 heure : Bouillon, 200 gr. de volaille. — Pommes de terre, légumes, compote de fruits. Pâtisserie.

3 h. 1/2   500 c. c. de lait.

5 h. 1/2   80 gr. de viande rôtie, 2 tranches de pain blanc beurré.

8   —   500 c. c. de lait.

9 h. 1/2   500 c. c. de lait et 1 biscotte.

Aux malades qui ressentent une aversion marquée pour le lait, Biswanger conseille le régime suivant :

Pendant la première et la deuxième semaine de la cure :

A 7 heures : 125 gr. de cacao cuit au lait.

9 — 1 tasse de bouillon, 30 gr. de pain de Graham (pain complet) et 10 gr. de beurre.

11 — 1 petit verre de vin blanc de Hongrie et 1 jaune d'œuf.

1 — de 80 à 100 gr. de soupe; 500 gr. de viande rôtie, 10 gr. de pommes de terres, 7 gr. de légumes; 20 gr. d'entremet au riz.

4 — 1/2 litre de lait.

6 — 20 gr. de viande; 20 gr. de pain; 5 gr. de beurre.

8 — 1/4 de litre de soupe avec un jaune d'œuf.

9 h. 1/2 1/4 de litre de lait.

Et pendant les troisième, quatrième, cinquième et sixième semaines :

A 7 heures : 125 gr. de cacao au lait.

9 — 1 tasse de bouillon; 50 gr. de viande; 50 gr. de pain de Graham; 15 gr. de beurre.

11 — 1 petit verre de vin de Hongrie et 1 jaune d'œuf.

1 — 25 gr. de soupe; 80 gr. de rôti; 50 gr. de pommes de terre; 35 gr. de légumes; 70 gr. d'entremets sucré; 50 gr. de compote.

A 4 heures : 200 gr. de cacao.

  6 —   100 gr. de viande rôtie; 50 gr. de pain;
              15 gr. de beurre.

  8 —   250 gr. de soupe (avec 20 gr. de beurre et
              1 jaune d'œuf), compote de fruits.

  9 h. 1/2 1/2 litre de lait.

Ces auteurs ont cherché également, mais sans y réussir, à préciser les indications et les contre-indications de la méthode. M. Burkart, M. Leyden estiment que l'isolement hors de la famille est une mauvaise condition pour les malades qui présentent des symptômes d'excitation; que le traitement systématique de Weir-Mitchell ne convient pas aux cérébrasthéniques, ni aux sujets qui souffrent de douleurs viscérales ou de douleurs névralgiques dans les membres. Burkart fait remarquer avec raison que pour pouvoir bénéficier de la cure de Weir-Mitchell les malades doivent posséder une certaine intelligence du but poursuivi. Cet auteur du reste a appliqué la méthode à peu près dans toutes les formes de la neurasthénie à des hommes et à des femmes. Dans sa dernière publication [1] il donne les résultats qu'il a obtenus dans 43 cas. Sur ces 43 cas 31 ont été suivis de guérison, mais cette statistique comprend aussi quelques cas d'affections hystériques.

1. Burkart. — Die Behanld. der Hysterie und Neurasthenie, *Berliner Klin. Wochenschrift*, 1891, N° 47.

Au résumé, nous croyons que jusqu'à plus ample informé, le mieux est de s'en tenir aux indications posées par M. Weir-Mitchell et M. Plagfair.

CHAPITRE II

Traitement hygiénique de la neurasthénie génitale.

Le traitement de cette forme doit tendre plus particulièrement à améliorer l'état physiologique de l'appareil génital et surtout à modifier l'état mental toujours profondément troublé du patient. Le traitement local a ici une grande importance. Beard, dans sa monographie sur la neurasthénie génitale, insiste longuement sur ce point. Il convient en effet de tarir l'écoulement urétral lorsqu'une blennorrhée chronique a été le point de départ des troubles nerveux, de traiter le catarrhe prostatique, de combattre suivant les cas soit l'hyperexcitabilité des centres de l'érection ou de l'éjaculation, soit l'atonie de ces organes. Mais il nous paraît indispensable d'instituer dès la première heure le traitement psychique du sujet. Il faut agir aussi énergiquement que possible sur son état mental, parce que cet état mental tient sous sa dépendance et régit une bonne part des troubles fonctionnels des organes génitaux. Le traitement psychique du malade doit selon nous précéder l'application des divers procédés destinés à agir sur l'état local ; sans cela il arrivera fréquemment que tous les soins qui seront prescrits dans le but d'atténuer l'irritabilité ou d'accroître la tonicité de l'appareil génital ne feront qu'aggraver l'inquiétude du patient en accentuant sa croyance dans la gravité ou l'incurabilité de ses troubles fonctionnels. Si l'on ne prend pas soin de préparer l'esprit du malade avant de le soumettre aux manœuvres locales hydrothérapiques ou électrothérapiques indiquées en pareil cas, on court le risque de cultiver au lieu de les combattre ses préoccupations hypocondriaques, d'augmenter son impuissance génitale, en un mot d'aboutir à un résultat précisément inverse de celui qu'on se proposait d'obtenir.

Les malades dont il s'agit ici sont constamment abattus ; leur esprit est dominé par un sentiment d'infériorité humiliante, et leur tristesse est mêlée de quelque honte. Masturbateurs, ils se croient incapables de renoncer désormais à leurs fâcheuses habitudes ; ceux qui ont versé dans la neurasthénie pour avoir abusé des plaisirs sexuels, ceux qui sont atteints d'impuissance relative se croient menacés de la perte irrémédiable de leur virilité, ou bien encore d'une maladie incurable de la moelle épinière ; les pertes séminales, les

écoulements de liquide prostatique auxquels ils
sont fréquemment sujets, les affectent vivement;
les uns s'imaginent que ces évacuations les
épuisent; d'autres qu'elles ont pour origine quelque grave lésion des organes profonds, et quand
ces syndromes se développent chez des jeunes
gens qui sont à même de se marier plus ou moins
prochainement, le désarroi moral qui s'ensuit est
complet. Le médecin doit s'efforcer de rassurer
ces malades; leur expliquer que les troubles fonctionnels dont ils souffrent sont parfaitement
curables, leur faire comprendre la part que prennent leur disposition d'esprit, leurs préoccupations mentales dans le développement et l'entretien de ces troubles. L'impuissance relative qui
accompagne parfois les phénomènes d'excitation
de la période initiale est d'ordre psychique; il faut
rassurer les sujets qui en sont atteints, en leur
rappelant qu'ils sont capables, lorsqu'ils sont
seuls, d'entrer en érection, et que la cause de leur
impuissance, au moment du coït, réside surtout
dans la crainte et l'agitation morales avec lesquelles ils abordent l'acte génital. Quant aux neurasthéniques frappés d'atonie génitale réelle et
d'impuissance absolue, il nous paraît indiqué, afin
de combattre les vives préoccupations hypocondriaques dont cette impuissance est la source, de
leur prouver, comme le conseille M. Ultzmann,
qu'ils sont encore capables de fortes érections. On

peut en effet provoquer l'érection chez ces malades
en appliquant soit le courant continu, soit le courant faradique, suivant la méthode de Duchenne
(l'un des pôles étant placé dans le rectum,
l'autre étant appliqué sur le bulbe de l'urètre).
Il ne faut pas perdre de vue qu'il y a parfois une
nécessité impérieuse à rendre au patient la confiance en ses propres forces, puisque le désespoir
où le plonge cette incapacité fonctionnelle peut
le conduire au suicide.

Lorsque le malade est rassuré, lorsqu'on a fait
naître dans son esprit, par des discours et des
procédés évidemment variables pour chaque cas
particulier, la conviction que son affection n'est
point grave, qu'elle est parfaitement curable, il
est dès lors préparé à suivre le traitement local
qui doit lui être prescrit et à en tirer avantage.

Pour combattre les symptômes d'excitation
qu'on observe généralement dans la première
période de la neurasthénie génitale, tels que
les érections fréquentes, les pollutions nocturnes, etc., il faut tout d'abord tracer au patient les
règles d'une hygiène convenable. Il doit nécessai·
rement renoncer à ses habitudes de masturbation, aux fréquentations et aux contacts susceptibles de faire naître des pensées érotiques et
d'entretenir l'excitation génitale. Il faut lui interdire l'équitation, les excès de table, les mets de
haut goût, l'alcool et le café à doses excessives,

le séjour prolongé au lit, traiter soigneusement
la constipation. La continence ne doit pas être
absolue, mais le coït ne sera permis qu'à de longs
intervalles.

Parmi les procédés hydrothérapiques aptes à
calmer l'excitabilité spinale on emploiera la douche chaude générale (35° à 36°), en insistant
particulièrement sur la colonne vertébrale, les
bains de siège ou les bains chauds prolongés, les
sacs de glace appliqués sur la région dorso-lombaire.

L'hydrothérapie fournit encore les principaux
agents du traitement local de la spermatorrhée
et de l'impuissance vraie due à l'atonie des
centres nerveux et des muscles qui concourent
à l'érection et à l'éjaculation.

Lorsqu'on aura affaire à des sujets très sensibles qui accusent des douleurs ou des hyperesthésies localisées dans la sphère des organes
génitaux, on devra procéder avec prudence dans
l'application des procédés hydrothérapiques à
action localisée. On administrera tout d'abord
des bains de siège à eau dormante, tempérés,
puis frais et enfin froids. On arrivera ainsi progressivement à l'usage des bains de siège froids
à eau percutante (douches périnéales ou douche
percutante localisée au niveau du centre génito-
urinaire spinal). Beard recommande les lavements
froids.

Winternitz a préconisé contre la spermatorrhée et l'atonie des organes génitaux, l'usage du *psycrofore*. C'est une sorte de cathéter métallique à double courant permettant de soumettre la région prostatique de l'urètre à l'action locale du froid. Ce cathéter est fermé à l'extrémité urétrale et bifurqué à l'autre extrémité. On fait circuler à travers la sonde mise en place un courant d'eau à 18° dont on abaisse la température progressivement jusqu'à 12° ou 10°. La durée de l'irrigation varie de huit à douze minutes. Les premières applications sont en général mal supportées, mais l'accoutumance ne tarde pas à s'établir et l'on obtient souvent par ce procédé d'excellents résultats.

On peut encore appliquer dans le traitement de ces cas d'atonie génitale la galvanisation locale suivant le procédé de Benedikt et de Schulz. On se sert d'un courant faible; le pôle positif étant maintenu sur les premières vertèbres lombaires, on promène l'électrode négative successivement sur le périnée, les cordons spermatiques et la verge. La durée de la séance est de trois à quatre minutes et on répète ces applications tous les jours ou tous les deux jours. La faradisation semble agir plus efficacement, on électrise successivement tous les muscles accessibles du périnée, les bulbo-caverneux notamment, ou bien encore on place l'un des pôles dans le rectum et l'autre sur le périnée et la racine de la verge.

Il va sans dire que l'action de ces traitements locaux doit être secondée par la mise en œuvre des diverses mesures hygiéniques que comporte le traitement général des états neurasthéniques.

Quant à la neurasthénie *traumatique* pure, elle ne nous paraît point soulever d'indications thérapeutiques spéciales. Le traitement de cette variété étiologique de l'épuisement nerveux ne diffère sur aucun point essentiel du traitement de la neurasthénie cérébro-spinale en général.

TABLE DES MATIÈRES

Coulommiers. — Imp. P. BRODARD. — 988-96

Lightning Source UK Ltd.
Milton Keynes UK
UKHW03f1853241018
331144UK00007B/647/P